법률 러시아어

법률 러시아어

Юридический русский язык: правовые термины и концепции Республики Корея

고민석 이승진 박혜림
이주한 김정래 공저

조남신 감수

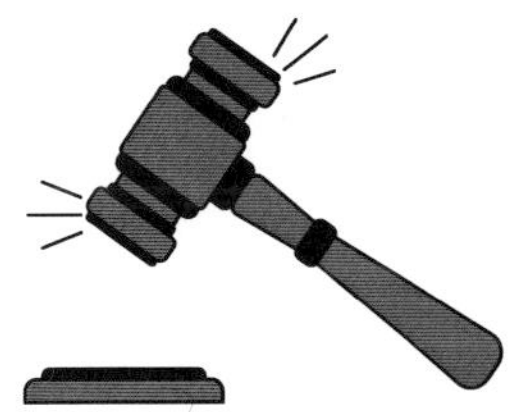

실전 상담 사례 수록
+
법률 문서 서식 수록

현직 한국 변호사와 러시아 변호사, 법정 통번역사가 직접 만든 법률 러시아어 마스터 패키지!

HU:iNE

서문

법률 러시아어를 펴내며

현재 대한민국은 저출생으로 인한 인구절벽 문제로 총인구수가 감소세에 접어들었으며, 정부는 2070년경 인구가 현재의 절반 수준으로 급감할 것이라는 공식 전망을 내놓은 바 있습니다. 이러한 위기 속에서, 대한민국 정부는 재외동포청과 이민청을 신설하는 등 인구 정책과 외국인 정책에 대한 다각적인 대안을 모색하고 있으며, 우수 외국인 인재 유치를 위한 제도 개선에 힘쓰고 있습니다.

다른 한편, 팬데믹 이후 대한민국 내 체류 외국인의 수는 약 300만 명에 이르렀고, 이 중 러시아어를 모국어로 사용하는 유라시아권 외국인은 약 29만 명에 달하는 것으로 추산됩니다. 이는 전체 등록외국인 수의 약 10%에 해당하는 상당한 비율이며, 이 중 고려인의 수는 12만 명, 고려인을 제외한 유라시아권 외국인들의 수는 17만 명으로 추산됩니다. 향후에는 재외동포 정책과 이민 정책의 변화에 따라 더 많은 유입이 일어날 것으로 전망됩니다.

이렇게 러시아어를 모국어로 하는 화자들이 증가한 배경에는,

1) 2013년 러시아와의 무비자 협정 이후, 우즈베키스탄, 카자흐스탄 등 구소련 국가와도 무비자 협정이 체결되며, 상대국과의 교류가 증가하고 있다는 점
2) 한류에서 시작되어 K-POP, K-DRAMA, K-FOOD로 이어지는 K-CULTURE의 영향으로 한국어를 배우고 한국을 경험하고자 한국으로 유학을 오는 사례가 증가하였다는 점
3) 러-우 전쟁 등 국제 정세에 따른 난민신청자 및 인도적 체류허가자가 증가하였다는 점
4) 한국 정부의 재외동포 정책 변화와 더불어, 스탈린 시대에 강제이주를 당했던 고려인들과 사할린 동포 등이 고국을 찾아 귀환 및 귀화를 선택하고 있다는 점 등 다양한 이유가 존재합니다.

대한민국 사회에 고려인 및 유라시아권 외국인 구성원이 증가하는 가운데, 이들은 국내에 체류하는 순간부터 내국인과 동일한 민 · 형사, 가사, 행정, 출입국 등 다양한 법률문제에 직면하게 됩니다. 하지만, 이들은 언어 장벽과 법률 지식의 부재로 인해 정당한 권리조차 주장하지 못하고 억울한 피해를 입거나 송사에 휘말리곤 합니다. 이에 따라 러시아어 소통이 가능한 한국 변호사, 노무사, 세무사, 행정사, 공인중개사 등에 대한 수요가 증가하고 있으며, 동시에 전문 법률 통 · 번역사의 역할도 매우 중요해지고 있습니다.

이러한 사회구조적 변화와 시장의 수요에 따라, 본 저서는 아래의 학습자들을 위해 기획되었습니다.

(1) 국내에서 러시아어, 노어노문학, 러시아어 통번역학 등을 전공하고 로스쿨에 진학하여 향후 변호사 또는 법조 유사직역(노무사, 세무사, 행정사, 공인중개사 등)에서 러시아어를 실무에 활용하고자 하는 학습자

(2) 한국에 거주하는 유라시아권 결혼이민자 중 수사기관, 법정, 로펌 등에서 전문적인 사법통역 또는 법률 통번역가로 활동하고자 하는 학습자

마지막으로, 본 저서가 한국 법률과 러시아어 법률 언어를 익히는 데 도움이 되기를 바랍니다. 이를 통해 고려인과 유라시아권 외국인들이 한국 사회에 안정적으로 정착하기를 희망합니다. 더 나아가 법치주의 속에서 유라시아권 외국인들이 평등하게 보호받을 수 있는 사회를 만드는 데에 러시아어 전공자들이 일조할 수 있기를 기대합니다.

*본 저서가 출간되기까지 도움을 주신 연세대학교 노어노문학과 조남신 명예교수님, 남혜현 교수님, 정혜린 교수님, 그리고 연세대학교 노어노문학과 재학생 여러분께도 깊은 감사의 인사를 드립니다.

2025년 7월

필진을 대표하여, 고민석

책의 구성과 학습 요령

본 저서는 한국 법조직역에서 사용되는 법률 용어와 법적 개념을 러시아어 법률 언어로 정제하여 표현하는 방식을 학습함으로써, 한국에서 러시아어를 배우는 학습자의 법률 러시아어 구사 역량을 배양하는 데 그 목적이 있습니다.

학습자가 접하게 될 주요 내용은 모두 한국법 체계에 기반한 사례와 개념이므로, 비록 러시아어로 기술되어 있더라도 문화적 이질감을 최소화하여 학습자가 자연스럽게 이해할 수 있도록 구성하였습니다. 아울러, 본 저서는 러시아법 체계나 양국 간 비교법적 접근을 목적으로 하지 않으며, 오로지 한국법 고유의 법률 개념과 용어를 러시아어로 명확하게 풀이하는 데에 중점을 두었습니다.

특히, 서두에서 밝혔지만, 본 저서는 (1) 국내 노어노문학, 러시아어학, 러시아어 통번역학 등을 전공하는 학습자들 중에 국내 로스쿨에 입학하여 향후 법조직역에서 한국 변호사로서 또는 법조 유사직역에서 노무사, 세무사, 행정사, 공인중개사로서, 러시아어를 활용할 목적을 가지고 있는 학습자와 (2) 유라시아권 결혼이민자들 중에 수사기관에서의 사법통번역 및 법정에서의 법정통번역, 로펌에서의 전문통번역을 위해 한국 법률 지식과 러시아어 법률 언어를 함양하고자 하는 학습자들에게 적합한 저서입니다. 이를 위해, 본 저서는 (1) 한국 법률 용어 및 기초 법률 지식과 더불어 (2) 이를 러시아어로 표현하기 위한 단어와 용례를 중심으로 구성하였습니다.

따라서 학습자는 한국 법률 개념이 러시아어로 어떻게 표현되는지를 반복적으로 접함으로써 자연스럽게 러시아어 표현에 익숙해질 수 있으며, 이후에는 반대로 러시아어 문장을 한국어로 직접 해석해 보는 연습을 통해 법률 언어에 대한 양방향 이해와 표현을 동시에 익힐 수 있습니다. 이와 더불어, 한국 법률 지식과 한국 법률 용어에 대한 이해도를 높일 수 있습니다.

내용 구성과 관련하여, 본 저서는 국내 체류하는 고려인을 포함하여 유라시아권 외국인들이 일상적으로 접하는 생활법률 문제를 출입국 · 이민법, 민사법, 형사법 등으로 대분류하고, 각 법률 분야별로 4개씩, 총 12개의 테마로 구성했습니다. 출입국 · 이민법을 민사법이나 형사법보다 앞서 배치한 이유는, 유라시아권 외국인이 한국에 정착하는 과정에서 가장 먼저 직면하게 되는 법률적 문제가 바로 출입국과 관련한 사항이기 때문입니다.

각 테마는 다음의 5개 학습 단위로 구성되어 있습니다.

1. 독해(러시아어 원문 읽기)

- 실제 사례에 기반한 러시아어 법률 문장을 낭독하며 익히기
- 러시아어 법률 문장의 구조와 문법적 특징 이해하기

2. 한국 법률 용어의 러시아어 표현 및 용례 학습

- 사용된 핵심 단어의 한국어와 러시아어 표현 비교
- 명사 형태의 단어를 동사 등 다양한 품사로 변형해 보기
- 예문 속 단어 또는 문장 구조를 바꾸어 다양하게 표현해 보기

3. 러시아어 작문 연습(연습문제)

- 학습한 러시아어 표현과 용례를 활용하여 실제 상황을 가정한 작문 연습하기

4. 한국 법률 지식 습득

- 민사법, 형사법, 출입국법 등 각 테마별로 반드시 알아야 할 한국 법률 개념 학습하기

5. 모범답안

- 연습문제에 대한 모범답안을 통해 표현 방식과 문장 구조 익히기
- 문장의 어순을 바꾸거나, 자신이 아는 단어를 활용하여 순화된 표현으로 바꾸어 보기

다양한 테마별로 용례와 연습문제를 통해 보다 실용적이고 체감도 높은 러시아어 법률표현을 익힐 수 있을 것으로 기대됩니다.

필진 일동 조남신, 고민석, 이승진, 박혜림, 이주한, 김정래

차례

I

Миграционное право
출입국·이민법

01 불법체류자의 법적 지위 - 불법체류자는 아무 권리도 없을까?

사례 살펴보기

Вопрос 1.

Может ли нелегальный мигрант, который незаконно пребывает в Корее, либо состоит в гражданском браке с гражданкой Кореи, получить брачную визу?

Нелегальный мигрант, который хочет изменить свой статус на брачную визу (F-6), должен сначала добровольно сообщить о своем незаконном пребывании, покинуть Корею и зарегистрировать брак в своей стране, а также в стране супруга. Затем он может подать заявление на брачную визу. То есть, находясь в Корее нелегально, по общему правилу невозможно сменить на статус супруга гражданки Кореи. Нужно покинуть Корею и получить визу для совместного проживания по итогам заключения брака (F-2) в заграничной дипмиссии Кореи, прежде чем вернуться в Корею. Однако, в исключительных случаях, например, при наличии гуманитарных причин, таких как беременность или рождение ребенка, возможно подать заявление на брачную визу, находясь в Корее. В таких случаях корейские иммиграционные органы могут исключительно разрешить получение брачной визы по итогам рассмотрения поданного заявления.

Вопрос 2.

Может ли нелегальный мигрант требовать выплату невыплаченной зарплаты?

Да, даже нелегальный мигрант имеет законное право требовать выплату зарплаты за предоставленный им труд. Если работодатель не выплачивает зарплату со ссылкой на неофициальный статус нелегального работникамигранта, соответствующий работник вправе предпринять следующие действия: 1) в устном порядке потребовать выплату невыплаченной зарплаты, 2) предупредить работодателя путем отправления претензионного письма с заверенным почтой содержанием, 3) а если проблема не решится устным или письменным требованием, подать жалобу в местную трудовую инспекцию. В ином случае работник также может обратиться в суд с гражданско-правовым иском для взыскания с работодателя суммы невыплаченной зарплаты.

Вопрос 3.

Возможно ли легализовать «нелегальный» статус?

Изменение статуса пребывания внутри Республики Корея допущено только в исключительных случаях по итогам строгой проверки со стороны иммиграционного органа в случае наличия уважительных причин изменения миграционного статуса, в том числе, беременности в связи с вступлением брака с гражданином или гражданкой Республики Корея, ожидаемого рождения ребенка, воспитания ребенка и т.п. Однако, следует отметить, что изменение статуса пребывания с нелегального на легальный невозможно по общему правилу.

Вопрос 4.

Может ли нелегальный мигрант продлить срок пребывания для целей лечения, если он пострадал в результате несчастного случая на производстве?

Если нелегальный мигрант получил производственную травму во время работы и нуждается в лечении, ему может быть выдана виза G-1. Таким образом, разрешается пребывание в стране для лечения производственной травмы.

사용된 단어

한국어	러시아어
체류자격	статус пребывания
사증	виза
불법체류자	нелегальный (незаконно пребывающий) мигрант (иммигрант)
자진신고	добровольное сообщение (о своем незаконном пребывании)
결혼비자(F-6)	брачная виза (F-6)
혼인신고(등록)	регистрация брака
인도적 사유	гуманитарные причины (основания)
체류자격 변경	изменение статуса пребывания
임금청구	требовать выплату зарплаты
사용자	работодатель
근로자	работник рабочий
지방노동관서	местная трудовая инспекция
산재사고	несчастный случай на производстве производственная авария
산업재해, 산재	производственная травма
내용증명	претензионное письмо с заверенным почтой содержанием
임금 청구의 소	иск о взыскании заработной платы

자주 사용되는 표현

이 표현들은 일상에서 자주 사용됩니다.

1. 원칙적으로 불가능하다 по общему правилу невозможно

예문 1: По общему правилу невозможно получить разрешение на пребывание без необходимых документов.

필수 서류가 구비되지 않으면 원칙적으로 체류 허가를 받을 수 없다.

예문 2: Если вы нарушаете иммиграционное законодательство, по общему правилу затруднительно изменить статус пребывания.

출입국관리법을 위반하고 있다면 원칙적으로 체류자격을 변경하기 어렵다.

2. 예외적인 경우에는 가능하다 в исключительных случаях возможно (допускается)

예문 1: В исключительных случаях возможно (допускается) остаться в стране, если у вас есть гуманитарные причины, которые признаются достаточно уважительными.

인도적 사유가 충분히 인정되는 예외적인 경우에는 국내에 체류할 수 있다.

예문 2: В исключительных случаях возможно (допускается) подать документы непосредственно в Корее, не выезжая за её пределы.

예외적인 경우에는 출국하지 않고도 한국에서 직접 서류를 제출할 수 있다.

3. 엄격한 심사를 거치다 пройти строгую проверку

예문 1: Все документы, поданные для получения разрешения на пребывание, проходят строгую проверку соответствующего ведомства.

체류 허가를 받기 위해 제출한 모든 서류는 관련 부서의 엄격한 심사를 거친다.

예문 2: Чтобы изменить статус пребывания, заявитель обязан пройти строгую проверку со стороны иммиграционного органа.

체류자격을 변경하려면 신청인은 출입국 당국의 엄격한 심사를 거쳐야 한다.

4. 법원에 소송을 제기하다 обратиться в суд с иском, подать иск в суд, предъявить иск

예문 1: Если вы не можете урегулировать спор с работодателем, вы можете обратиться в суд с иском о невыплаченной зарплате.

사용자와의 분쟁을 타협할 수 없다면, 미지급 임금에 대해 법원에 소송을 제기할 수 있다.

예문 2: Несколько работников решили обратиться в суд с иском против компании, которая не выплатила зарплату.

근로자들은 임금을 미지급한 회사에 대해 법원에 소송을 제기하기로 결정했다.

연습문제

다음 문장들을 러시아어로 작문하시오.

1. 불법체류자가 자진신고를 하지 않는다면, 원칙적으로 체류자격 변경도 불가능합니다.

2. 사용자가 임금을 계속 미지급하면, 지방노동관서에 신고하거나 법원에 소송을 제기해야 합니다.

3. 산재를 입어 치료가 필요한 예외적인 경우라면, 불법체류자라도 인도적 사유를 주장해 볼 수 있습니다.

4. 결혼비자를 발급받으려면, 엄격한 심사를 거쳐야 합니다.

Tip 생활법률 지식

1. 사증(비자) 및 체류자격이란?

일반적으로 '비자(Visa)'라는 영어 단어는, ① 입국 전 발급받는 **사증**과 ② 입국 후 부여되는 **체류자격**을 모두 포함하는 개념으로 사용됩니다. 따라서 대한민국 법률상으로는 **사증**은 해외에서 발급받아야 하는 입국 허가 서류를 의미하고, **체류자격**은 입국 후 국내에서 변경 연장할 수 있는 신분을 뜻합니다.

구체적으로,

1) **사증**은 국가가 발급하는 입국에 관한 증명 문서로, 대한민국에서는 출입국관리법에 따라 재외공관의 장이 법무부 장관으로부터 위임을 받아 발급합니다. 원칙적으로 외국인은 대한민국에 입국할 때 유효한 여권과 함께 사증을 소지해야 합니다. 재외공관의 장은 사증을 발급할 때 외국인이 유효한 여권을 소지하였는지, 출입국관리법상 체류자격에 해당하는지와 그 체류자격에 따라 부가되는 각종 기준을 충족하였는지 심사하게 됩니다.

2) **체류자격**은 대한민국에 입국한 외국인이 국내에서 할 수 있는 활동이나 신분을 유형화한 것으로, 외국인은 체류자격에 해당하는 활동 범위와 기간 내에서 적법하게 대한민국에서의 체류를 보장받을 수 있습니다. 체류자격의 변경 및 연장은, 출입국관리법에 따라 출입국외국인청장이 법무부 장관으로부터 위임을 받아 권한을 행사하며, 출입국관리법에서는 A-1(외교)부터 G-1(기타)까지의 체류자격을 정의하고 그 성격에 따라 체류기간 및 취업 또는 영리활동의 가능성 등에 대해 다르게 정하고 있습니다.

2. 불법체류란?

출입국관리법에 정해진 체류자격 및 기간 등의 요건을 갖추지 않은 것으로, ① **체류기간을 도과**하거나 ② **체류자격의 범위를 벗어난 외국인의 체류**를 말합니다. 대한민국에 불법체류하는 외국인은 출입국관리법에 의해 강제퇴거 및 형사처벌의 대상이 될 수 있습니다.

원칙적으로, 불법체류자는 합법체류자로 신분 전환이 불가능하며, 불법체류의 기간에 따른 범칙금을 납부하고, 출국을 통해 불법체류 상태를 해소한 뒤, 일정 기간의 입국 제한을 받게 되며, 해당 제한기간이 끝나야만 다시 적법한 입국절차를 거쳐 체류자격을 인정받고 사증을 발급받을 수 있습니다.

다만, 불법체류 중인 외국인에게 임신/출산/자녀양육 등의 인도적인 사유가 존재한다면 출입국외국인청의 재량에 따라 엄격한 심사를 거쳐 국내에서의 체류가 예외적으로 인정될 수 있습니다.

3. 불법체류자의 법적 지위

1) **불법체류와 임금체불**: 영리활동이 불가능한 체류자격으로 취업을 할 경우, 또는 체류기간이 만료되었음에도 국내에 체류하며 경제활동을 하는 경우, 모두 불법취업에 해당하며 출입국관리법은 이를 금지하고 있습니다. 그러나 이러한 외국인의 취업을 제한하는 출입국관리법 규정이 이미 계약을 통해 형성된 근로관계와 이에 따라 제공한 근로로 발생한 권리 등의 효과까지 부정하는 것은 아니므로, 불법체류 외국인이 체결한 근로계약이 불법체류로 인해서 당연히 무효가 되는 것은 아닙니다.

따라서 질문 2의 사례의 경우, 불법체류자의 근로가 비록 출입국관리법상 취업 제한 규정을 위반하여 불법으로 이루어진 취업 활동이더라도 이미 제공한 근로에 대한 대가인 체불임금은 법적으로 고용주에게 청구할 권리가 있습니다.

악덕 고용주들은 외국인 근로자의 불법체류인 점을 악용하여 의도적으로 임금을 체불하고 노동을 착취하는 경우가 많으나, 체불된 임금을 받을 권리가 있음을 기억하세요.

2) **불법체류와 산재**: 근로 중 산업재해로 인하여 치료를 받게 된 외국인은 관련 서류를 발급받아 제출하면 G-1(기타) 체류자격을 통해 대한민국에 적법하게 체류할 수 있으므로, 불법체류 외국인이더라도 근로자로서 산재사고를 당할 경우 산재보상은 물론 치료를 위한 체류자격도 인정받을 수 있습니다.

따라서 질문 4의 사례의 경우, 불법체류 중인 외국인이더라도 근로 중 발생한 산재사고의 치료를 위한 G-1(기타) 체류자격을 인정받아 치료를 마칠 때까지 체류기간을 연장하며 대한민국에 적법하게 체류할 수 있습니다.

02 외국인의 강제퇴거

사례 살펴보기

Вопрос 1.

Подлежит ли депортации осужденный, в отношении которого вынесен приговор с условной отсрочкой наказания? Подлежит ли депортации лицо, уголовное дело против которого прекращено в связи с отказом прокурора от обвинения?

В соответствии с положением подпункта 13 пункта 1 статьи 46 закона об иммиграционном контроле, лицо, которое освобождается из исправительного учреждения после исполнения приговора к наказанию в виде лишения свободы или более строгого наказания, подлежит депортации. Понятие «наказание в виде лишения свободы или более строгого наказания» включает в себя также случаи, когда был вынесен приговор с условной отсрочкой наказания (т.е. условным осуждением), поэтому такое лицо может подпадать под категорию подлежащих депортации.

Если же лицо получило решение о прекращении уголовного дела в связи с отказом прокурора от обвинения, то, как общее правило, депортация или ограничения на въезд не применяются. Однако, если основанием обвинения в уголовном деле, непосредственно прекращенном по отказу прокурора от обвинения, служило совершение тяжких преступлений, таких как нарушение закона о контроле за наркотическими средствами, нарушение закона о специальных мерах наказания за половые преступления или участие в мошенничестве с использованием телефонной связи (войс фишинг), возможно применение депортации или иных мер ограничений на въезд.

Вопрос 2.

Подлежит ли депортации лицо, имеющее судимость? Может ли соответствующее лицо оставаться в Республике Корея в дальнейшем?

Если иностранец привлечен к уголовной ответственности в виде наложения штрафа в размере не менее 3 миллионов вон, он может быть признан подлежащим депортации, таким образом глава местного управления иммиграционного органа или службы по делам иностранцев имеет право депортировать соответствующего иностранца из территории Республики Корея. Но существует возможность избежать применения решения о депортации, активно аргументируя гуманитарные причины (например, ссылаться на факт формирования основ жизни в Республике Корея, таких как факт рождения в стране, наличие статуса соотечественника, беременность, ожидаемое рождение ребенка, необходимость в уходе за несовершеннолетним ребенком, либо на необходимость лечения в стране в связи с наличием тяжелой травмы, заболевания из-за возникновения несчастного случая на производстве и др.) или иные причины, способствующие обеспечению государственных интересов страны (например, на такую причину может ссылаться лицо, занимающееся профессиональной деятельностью в сфере промышленности, образования, культуры, искусства, спорта и др., которому необходимо продолжать проживание в стране на основании своих профессиональных знаний, высокотехнологичных навыков или деловых функций).

Вопрос 3.

Если, несмотря на указанные гуманитарные причины, по итогам проведения расследования правонарушений со стороны инспектора иммиграционного органа вынесено решение о депортации?

Иностранец, получивший решение о депортации, имеет право предъявить возражение в адрес министра юстиции непосредственно к главе местного управления иммиграционного органа или службы по делам иностранцев в течение 7 дней с даты получения соответствующего решения, ссылаясь на его необоснованность, злоупотребление дискреционными полномочиями и т.д. Кроме того, в ответ на получение решения о депортации он вправе в течение 90 дней с даты получения решения о депортации подать административную жалобу или предъявить административное исковое заявление.

Вопрос 4.

Возможно ли депортироваться за алкогольное вождение, если наложен штраф в размере 3 миллионов вон?

Лицо, которое было оштрафовано на сумму не менее 3 миллионов вон за нарушение закона о дорожном движении (например, вождение в состоянии алкогольного опьянения и т.д.), или даже если размер штрафа составляет менее 3 миллионов вон, но при этом произошло ДТП с причинением имущественного ущерба или вреда здоровью потерпевшего, и не было достигнуто примирение с тем потерпевшим, подлежит депортации по итогам проведения расследования правонарушений со стороны инспектора иммиграционного органа (사범심사).

Вопрос 5.

Можно ли депортироваться в третью страну, а не в свою родину?

Иностранец может быть депортирован не только в его родную страну, но и в третью страну. В связи с этим Конституционный суд Республики Корея постановил: «Лицо, подлежащее депортации, не может оставаться в Республике Корея, но может покинуть страну добровольно, отправившись в свою родную страну или третью страну, таким образом избежав состояния содержания под стражей. Стоит отметить особую специфику, что ограничение свободы таких лиц зависит от их воли».

사용된 단어

한국어	러시아어
집행유예	условная отсрочка наказания условное осуждение
기소유예	прекращение уголовного дела в связи с отказом прокурора от обвинения
징역	лишение свободы
벌금	штраф
과태료	административный штраф
강제퇴거	депортация
전과	судимость
사범심사	проведение расследования правонарушений со стороны инспектора иммиграционного органа
재량권	дискреционные полномочия свое усмотрение
행정심판	рассмотрение административной жалобы административный порядок обжалования
행정심판 청구서	административная жалоба
음주운전	вождение в состоянии алкогольного опьянения вождение в нетрезвом виде
이의신청	предъявление возражения (претензии) подача жалобы обжалование

자주 사용되는 표현

이 표현들은 일상에서 자주 사용됩니다.

1. 선고되다 был вынесен приговор с чем

예문 1: Обвиняемому был вынесен приговор с условной отсрочкой наказания, однако он всё равно может подпадать под категорию лиц, подлежащих депортации.

피고인에게 집행유예가 선고되었지만 그는 여전히 강제퇴거 대상에 해당할 수 있다.

예문 2: Суд учёл смягчающие обстоятельства и вынес приговор с условной отсрочкой наказания вместо реального лишения свободы.

법원은 정상참작 사유를 고려해 실형 대신 집행유예를 선고했다.

2. 강제퇴거 명령을 받다 получить решение о депортации

예문 1: Иностранец получил решение о депортации после многократных нарушений миграционного законодательства.

외국인은 여러 차례 출입국 관련 법령을 위반한 뒤 강제퇴거 명령을 받았다.

예문 2: Он получил решение о депортации из-за нарушения визового режима.

그는 비자 제도를 위반하여 강제퇴거 명령을 받았다.

3. 재량권을 남용하다 злоупотреблять дискреционными полномочиями

예문 1: Иммиграционные органы злоупотребляли дискреционными полномочиями, вынеся решение о депортации слишком быстро.

출입국 당국은 강제퇴거 결정을 지나치게 빠르게 내림으로써 재량권을 남용했다.

예문 2: Комиссия по правам человека указала, что решение иммиграционного органа о депортации представляет собой злоупотребление дискреционными полномочиями.

인권위원회는 출입국 당국의 강제퇴거 명령이 재량권 남용에 해당한다고 지적했다.

4. 벌금을 부과받다 быть оштрафован(а) за что

예문 1: Он уже был оштрафован за нелегальное трудоустройство.

그는 이미 불법취업으로 벌금을 부과받았다.

예문 2: Иностранный студент был оштрафован за нелегальное трудоустройство на 3 миллиона вон, что автоматически поставило его под угрозу депортации.

외국인 유학생은 불법취업으로 300만 원의 벌금을 부과받아 자동으로 강제퇴거 위험에 처하게 되었다.

연습문제

다음 문장들을 러시아어로 작문하시오.

1. 집행유예를 받은 외국인이 강제퇴거를 피하려면 어떻게 해야 할까요?

2. 정부는 불법체류자들에게 강제퇴거 명령을 내리기로 결정했습니다.

3. 음주운전으로 벌금 300만 원 이상을 받으면 강제퇴거 대상이 되나요?

4. 음주운전 전과가 있는 사람은, 동일한 위반이 반복될 때 체류 연장에 어려움을 겪게 됩니다.

5. 강제퇴거 명령이 내려지면, 7일 이내에 이의신청을 해야 한다고 들었습니다.

Tip 생활법률 지식

1. 집행유예/기소유예란?

1) **집행유예**: 집행유예는 형사사건에서 법원이 3년 이하의 징역(또는 금고)형이나 500만 원 이하의 벌금형을 선고하는 경우 여러 사정을 참작해 1년에서 5년 사이의 기간 동안 형벌의 집행을 유예하는 것입니다. 집행유예에 의해서는 형벌의 집행만이 유예될 뿐이므로 유죄판결에 해당하며 전과가 발생하게 됩니다.

2) **기소유예**: 기소유예는 형사사건에서 검사가 피의자의 범죄행위에 대해 여러 사정을 참작해 법원에 공소를 제기하지 않는 것입니다. 검사가 공소를 제기하지 않으므로 형사재판이 이루어지지 않아 유죄판결이 아니고, 전과 역시 발생하지 않습니다.

그러나 기소유예는 검사가 공소를 제기하지 않을 뿐 수사를 통해 피의자의 행위가 범죄라고 판단한 경우에 내리는 처분이므로, 공무원의 임용이나 외국인에 대한 사범심사 등에서 범죄행위의 인정으로 인한 각종 불이익이 발생할 수 있습니다. 이를 방지하기 위해 기소유예 처분에 불복하고자 하는 경우 헌법재판소에 헌법소원을 청구함으로써 기소유예에 대한 취소를 구할 수 있습니다.

2. 사범심사란?

외국인의 위법행위 등이 인지되면 출입국관리법에 따라 해당 외국인에 대해 위반조사가 이루어집니다. 이 과정에서 출입국관리 공무원이 외국인에 대한 출석요구와 신문 등을 통해 위법사실을 조사하며, 지방출입국·외국인관서의 장이 심사를 통해 강제퇴거 여부에 대한 결정을 내립니다.

형사사건으로 인한 사범심사의 경우, 원칙적으로 금고형 및 징역형이나 300만 원 이상의 벌금형 선고(집행유예 포함)를 받은 외국인, 나아가 마약 및 성폭력범죄 등 중대한 범죄로 인한 기소유예 처분을 받은 외국인은 사범심사 결과 강제퇴거결정의 대상이 될 수 있습니다.

따라서 질문 1의 사례의 경우, 외국인이 형사재판을 거쳐 집행유예 선고를 받은 경우는 물론 검사에 의한 기소유예 처분을 받은 때에도 경우에 따라 사범심사를 거쳐 강제퇴거결정을 받을 수 있습니다.

특히 질문 4의 사례의 경우, 실무상 도로교통법 위반자의 경우 300만 원보다 낮은 벌금형을 선고받더라도 인적·물적 피해에 대해 합의가 없거나 도주 후 배상조치를 이행하지 않았다면 강제퇴거 대상자가 될 수 있다는 점을 유념해야 합니다.

3. 강제퇴거란?

1) **대한민국에서 외국인의 퇴거 방식은 법 위반의 경중에 따라 출국권고 → 출국명령 → 강제퇴거 순으로 점점 강한 조치가 적용됩니다.**

그 중 강제퇴거는 출입국관리법에 따라 특정한 요건에 해당하는 외국인을 그의 의사에 반하여 대한민국 영토 밖으로 추방하는 것을 의미합니다. 강제퇴거 결정은 출입국관리법에 따라 지방출입국·외국인관서의 장이 재량으로 내릴 수 있는 처분이기 때문에, 그 결정을 위한 사범심사 과정에서 외국인은 자신의 체류에 대하여 인도적 사유나 국익에 도움이 되는 사유를 제시함으로써 강제퇴거 결정을 면해달라 주장할 수 있습니다.

질문 2의 사례의 경우, 형사처벌 전과가 있는 외국인이 사범심사를 거쳐 강제퇴거의 대상자가 된다 하더라도 심사 과정에서 자신의 체류에 대해 정당한 사유를 주장하여 받아들여진다면 지방출입국·외국인관서의 장의 재량에 따라 강제퇴거결정 없이 체류를 유지할 수 있을 것입니다.

2) **강제퇴거에 대한 불복**: 사범심사를 거쳐 강제퇴거 결정을 내릴 경우 외국인에

게 강제퇴거 명령과 함께 7일 이내에 이의 신청을 할 수 있다는 통지가 이루어지며, 강제퇴거 대상 외국인은 그에 따라 지방출입국·외국인관서의 장을 통해 법무부 장관에게 이의 신청을 제기할 수 있습니다. 또한 강제퇴거명령은 지방출입국·외국인관서의 장의 재량행위이므로 외국인은 행정청이 재량권을 일탈·남용했다는 점을 주장하면서 그로부터 90일 이내에 행정심판이나 행정소송을 제기할 수도 있습니다.

질문 3의 사례의 경우, 강제퇴거의 대상이 된 외국인은 출입국관리법에 따라 강제퇴거 명령에 대해서 이의 신청을 제기할 수 있습니다. 또한 강제퇴거 명령을 취소하기 위해서 지방출입국·외국인관서의 장에게 행정심판 또는 행정소송을 제기하여 불복할 수도 있으며, 이때 강제퇴거의 요건이 충족된다는 점에 대한 증명책임은 행정청인 지방출입국·외국인관서의 장에게 있습니다.

03 결혼이민자의 이혼(결혼비자), 난민 문제

사례 살펴보기

Вопрос 1.

Прекращает ли действие виза F-6 (тип визы для брачной миграции) в случае развода с гражданином или гражданкой Республики Корея по вине брачного мигранта?

Если брак с гражданином или гражданкой Республики Корея расторгается по вине иностранного супруга, то иностранный супруг может оставаться в стране на 6 месяцев после того, как сменит брачную визу на специальную визу, предназначенную для разрешения семейных и бытовых проблем. Эта специальная виза также легализует период пребывания иностранного супруга в Республике Корея на основании его предыдущей действующей визы, связанной с браком.

Вопрос 2.

Может ли бывший супруг-иностранец оставаться в Республике Корея в целях осуществления своего права на воспитание несовершеннолетнего ребенка с корейским гражданством?

Бывший супруг-иностранец, разведенный по своей вине, вправе пребывать в Корее для воспитания несовершеннолетнего ребенка с корейским гражданством. В этом случае следует продлить срок пребывания с предоставлением документов, подтверждающих факт воспитания ребенка (например, решение суда о разводе).

Вопрос 3.

Может ли брачный иммигрант пригласить семью из своей страны в Корею?

Если есть необходимость в поддержке по воспитанию ребенка (например, если брачный иммигрант или его корейская супруга беременна или ухаживает за ребенком) или имеются гуманитарные причины (например, если у брачного иммигранта, его корейского супруга или ребенка есть серьезные заболевания или инвалидности), можно подать заявление на визу для посещения и совместного проживания (F-1-5) и пригласить семью из своей страны в Корею.

Вопрос 4.

Может ли ребенок от повторного брака с иностранным супругом находиться в стране (в зависимости от его несовершеннолетнего или совершеннолетнего возраста)?

Если ребенок иностранного супруга является несовершеннолетним, он может въехать в страну по краткосрочной визе для посещения родственников (C-3), а затем подать заявление на смену статуса на визу для совместного проживания с семьей (F-1). А если ребенок иностранного супруга является совершеннолетним, он может пребывать в стране только краткосрочно по визе для краткосрочного визита, но длительное пребывание затруднительно.

Вопрос 5.

Можно ли изменить визу G-1 (вид визы для получения статуса беженца) на другой вид визы?

Виза G-1 предоставляется на временной основе, поэтому, по общему правилу, владельцу данного вида визы не допускается изменить статус пребывания на другой.

Вопрос 6.

Можно ли подать заявку на получение статуса беженца с целью зарабатывания денег?

Заявление на получение статуса беженца не может быть подано с целью заработка. Согласно закону о беженцах, основания для подачи заявки на статус беженца должны быть связаны с угрозой преследования по признакам 1) расы, 2) национальности, 3) религии, 4) принадлежности к определенной социальной группе, 5) политических убеждений, что заявитель не может воспользоваться защитой в своей стране.

사용된 단어

한국어	러시아어
이혼 판결문	решение суда о разводе
합법화	легализация
배우자	супруг(а)
유책배우자	супруг(а), разведенный(ая) по своей вине
미성년 자녀	несовершеннолетний ребенок
미성년	несовершеннолетие
단기체류비자	краткосрочная виза
장기체류비자	долгосрочная виза

단수비자	однократная виза
복수비자	многократная виза
단기친지방문비자(C-3)	краткосрочная виза для посещения родственников (C-3)
방문동거비자(F-1-5)	виза для посещения и совместного проживания (F-1-5)
결혼이민자	брачный иммигрант (мигрант)
재혼 자녀	ребенок от повторного брака

자주 사용되는 표현

이 표현들은 일상에서 자주 사용됩니다.

1. ~에 체류할 권리가 있다 вправе пребывать в чем

예문 1: Если решение суда признаёт ваше право на воспитание ребенка, вы вправе оставаться в Корее и пребывать дальше.

법원이 당신의 양육권을 인정해 준다면, 당신은 한국에 남아 계속 체류할 권리가 있다.

예문 2: По мнению адвоката, родители вправе пребывать в Корее, пока идёт процесс установления права на воспитание ребёнка.

변호사 의견에 따르면, 부모는 자녀 양육권 지정 절차가 진행되는 동안 한국에 체류할 권리가 있다.

2. 체류 기간을 연장하다 продлить срок пребывания

예문 1: Чтобы продлить срок пребывания, необходимо предоставить иммиграционным органам соответствующие доказательства.

체류 기간을 연장하려면 출입국 당국에 관련 입증 자료를 제출해야 한다.

예문 2: Он несколько раз пытался продлить срок пребывания, но его заявление отклоняли из-за нехватки документов.

그는 여러 차례 체류 연장을 시도했으나, 서류 미비를 이유로 신청이 반려되었다.

3. 사실을 증명하다 подтвердить (доказать) факт

예문 1: Отец или мать должен подтвердить факт воспитания ребёнка, предъявив школьные записи и решение суда о разводе.

부 또는 모는 학교 기록과 이혼 판결문을 제시하여 자녀 양육 사실을 증명해야 한다.

예문 2: Он смог подтвердить факт своего алиби с помощью свидетелей.

그는 증인들의 도움으로 자신의 알리바이를 증명할 수 있었다.

4. 비자를 신청하다 подать (оформить) заявление на визу

예문 1: Если есть серьёзные гуманитарные причины, можно подать заявление на визу для посещения и совместного проживания (F-1-5).

중대한 인도적 사유가 있으면, 방문동거비자(F-1-5)를 신청할 수 있다.

예문 2: Она подала заявление на визу для учебы в Великобритании.

그녀는 영국에서 학업을 위해 비자를 신청했다.

연습문제

다음 문장들을 러시아어로 작문하시오.

1. 이혼 판결문이 미비된 경우에는 미성년 자녀 양육 사실을 증명하기 어려워 체류 기간 연장이 어려울 수도 있습니다.

2. 외국인 배우자의 성인 자녀에게 한국 국적이 없는 경우에는 장기체류가 어려워서, 한국에 남아 부모를 돕기가 쉽지 않습니다.

3. 결혼이민자인 그녀는 가족을 초청하기 위해 방문동거비자를 신청하고자 합니다.

4. 그는 비자를 신청했다는 증거를 제출하기 위해 서류를 준비했습니다.

Tip 생활법률 지식

1. 결혼이민이란?

결혼이민(F-6) 체류자격이란 출입국관리법상 대한민국 국민의 배우자 및 그에 준하는 관계에 있는 사람에게 인정되는 체류자격을 말합니다. 구체적으로 결혼이민자로서 인정되는 유형은 다음의 세 가지가 있습니다.

1) **(원칙)** 대한민국 국민의 배우자는 정상적인 혼인관계를 유지하는 이상 **F-6-1(국민의 배우자)** 체류자격에 해당합니다. 그러나 대한민국 국민과 결혼한 외국인이 이혼을 한다면, 혼인관계가 더 이상 존재하지 않으므로 아래 두 유형의 예외사항(자녀양육/혼인단절)에 해당하지 않는 이상 결혼이민(F-6) 체류자격을 유지할 수 없습니다.

질문 1의 사례의 경우, 내국인과 혼인 후 외국인(본인)이 유책배우자로서 이혼하였다면, 원칙적으로 F-6(결혼이민) 체류자격이 아닌 F-1-6(가사정리)으로 체류자격을 변경하고 그 범위 내에서만 국내에 체류할 수 있습니다.

2) **(예외 1)** 대한민국 국민의 배우자가 아닌 사람 중, 대한민국 국민과의 혼인관계(사실혼 포함)에서 출생한 자녀를 양육하고 있는 부 또는 모로 법무부 장관이 인정하는 사람은 이혼 후 F-6-1(국민의 배우자) 체류자격을 상실하고, **F-6-2(자녀양육)** 체류자격으로 체류하게 됩니다.

즉, 외국인 본인이 유책배우자로서 한국인 배우자와 이혼하게 된 경우에도, 한국인 배우자와 사이에서 양육대상인 미성년 자녀가 있다면 F-6-2(자녀양육) 체류자격을 인정받음으로써 결혼이민자의 지위를 유지할 수 있습니다.

질문 2의 사례의 경우, 유책배우자로서 이혼한 외국인에게 미성년 자녀가 있고, 자녀에 대한 양육권을 외국인이 가지기로 하는 내용의 판결문 등으로 양육에 관한 사항이 증명된다면 F-6-2(자녀양육) 체류자격이 인정될 수 있을 것입니다.

3) **(예외 2)** 대한민국 국민인 배우자와 혼인한 상태로 체류하던 중, 자신에게 책임 없는 사유로 정상적인 혼인관계를 유지할 수 없는 경우로서 법무부 장관이 인정하는 사람은 **F-6-3(혼인단절)** 체류자격으로 체류할 수 있습니다.

따라서 외국인이 한국인 배우자와 이혼한 경우 이혼의 귀책사유가 전적으로 한국인 배우자에게만 있다면, 외국인은 F-6-3(혼인단절) 체류자격을 인정받아 결혼이민자로서 대한민국에 체류할 수 있습니다.

2. 방문동거란?

방문동거(F-1) 체류자격은 ① 친척방문/가족동거/피부양/가사정리 등의 목적으로 체류하려는 것으로 인정되는 사람 ② 일정 범주의 체류자격에 해당하는 사람의 가사보조인으로 인정되는 사람 ③ A계열 체류자격(외교/공무/협정)에 해당하는 사람의 동일한 세대 아닌 동거인으로 체류의 필요성이 인정되는 사람 ④ 그 밖에 부득이한 사유로 직업 활동에 종사하지 않고 장기간 체류할 사정이 인정되는 사람에게 부여되는 체류자격입니다.

질문 3의 사례의 경우, 외국인인 결혼이민자에게 한부모/다자녀가족 및 중증질환/중증장애와 같이 자녀양육지원의 필요성이나 인도적 사유가 존재한다면, 결혼이민자의 가족(부모 혹은 이외 가족 중 1인)에 대해 인정되는 F-1-5 체류자격을 통해 이들을 초청하여 대한민국에 체류하도록 할 수 있습니다.

질문 4의 사례의 경우, '부득이한 사유로 직업활동에 종사하지 않고 장기간 체류할 사정이 인정되는 사람'은 국내 체류 도중에 방문동거(F-1) 체류자격으로 변경허가 신청을 할 수 있으므로, 우선 다른 적법한 단기체류자격을 통해 대한민국에 입국한 뒤 위 사유가 인정된다면 장기체류자격인 방문동거(F-1)로 변경할 수 있습니다. 단 이는 부모의 양육이 필요한 미성년 자녀의 경우로서, 성년인 자녀는 일반적인 경우 해당 사유를 인정받기 어려울 것입니다.

3. 난민이란?

1) **난민의 정의**에 관하여, 대한민국의 난민법에서는 ① 인종/종교/국적/특정 사회집단의 구성원인 신분 또는 정치적 견해를 이유로 ② 박해받을 수 있다고 인정할 만한 **충분한 근거 있는 공포**로 인해 ③ 국적국의 보호를 받을 수 없거나 보호를 원하지 않는 외국인을 난민으로 규정하고 있습니다. 외국인이 난민법상의 난민으로 인정받기 위해서는 법무부 장관에게 난민인정신청을 한 뒤 심사를 통해 난민인정결정을 받아야 하며, 심사에서 외국인이 위 요건에 해당한다는 점은 난민임을 주장하는 외국인 본인이 이를 증명해야 합니다.

질문 6의 사례의 경우, 돈을 벌기 위한 단순 경제적 목적은 위의 난민의 정의 가운데 '난민사유'에 해당하지 않고, 더욱이 박해받을 수 있다고 인정할 만한 '충분한 근거 있는 공포'에 해당한다고 볼 수 없어 난민신청이 불가능합니다.

2) **난민의 체류**에 관하여, 난민으로 인정받고자 하는 외국인이 대한민국에서 체류하고자 한다면 우선 난민인정신청과 함께 난민신청기간 동안 **G-1** 체류자격을 인정받을 수 있으며, ① 난민인정결정을 받았다면 **F-2-4(난민인정자)** 체류자격으로 이를 변경할 수 있고, ② 난민인정결정을 받지 못했더라도 비인도적인 처우나 상황으로 인해 생명이나 신체의 자유 등을 현저히 침해당할 수 있다고 인정된다면 **인도적 체류허가**를 받아 G-1-99 체류자격으로 대한민국에 체류할 수 있습니다.

질문 5의 사례의 경우, 난민신청자로서 G-1 체류자격의 변경을 원하는 경우는 대체로 취업 활동이 허용된 다른 체류자격을 얻어 경제활동을 하고자 하는 사례일 것입니다. 원칙적으로 이때의 체류자격을 변경하는 것이 불가능하므로, 난민신청자가 생활에 필요한 경제활동을 하고자 한다면, 난민신청한 날로부터 6개월이 경과한 뒤, 출입국외국인청으로부터 체류자격의 변경 대신 체류자격 외 활동 허가를 받아 취업하는 것을 고려할 수 있습니다.

MEMO

04 기타 출입국 관련 법률 지식

사례 살펴보기

Вопрос 1.

Может ли иностранный студент с учебной визой D-2 заниматься предпринимательской (экономической) деятельностью?

По общему правилу иностранным студентам с визой D-2 запрещается заниматься экономической или трудовой деятельностью, однако разрешается трудоустроиться в условиях неполного рабочего дня при условии получения соответствующего разрешения на работу (например, на подработку, простую физическую работу и др.). Для получения подобного разрешения студент должен обладать определенным уровнем владения корейским языком и получить подтверждение от куратора иностранных студентов. Также важно учитывать, что разрешенное количество рабочих часов зависит от уровня владения языком и типа учебной программы.

Вопрос 2.

Допускается ли представление интересов чужого лица в оформлении регистрации иностранца?

Регистрация иностранца — это система учета пребывания иностранцев, пребывающих в Республике Корея более 90 дней. По общему правилу, первоначальная регистрация иностранца должна быть оформлена лично заявителем после въезда в страну, поскольку требуется регистрация отпечатков пальцев и черт лица заявляющего иностранца. Однако в качестве исключения родителям допускается подавать соответствующее заявление от имени несовершеннолетнего в возрасте до 17 лет.

Вопрос 3.

Что делать, если я заполнил K-ETA и прибыл в Корею, но мне отказали во въезде на этапе паспортного контроля?

Если Вы заполнили K-ETA и прибыли в Корею, Вам может быть отказано во въезде на этапе паспортного контроля, когда Ваш паспорт или виза недействительны, либо цель Вашего визита не соответствует виду полученной Вами визы, или Вы включены в список лиц, запрещенных для въезда согласно положению ст. 11 закона об иммиграционном контроле. В таком случае Вам следует уточнить основание отказа, указанное в самом акте о решении запрета на въезд. Если Вы считаете необоснованным основание отказа, Вы можете написать и подавать жалобу с возражением, предоставив ее компетентному сотруднику иммиграционного органа.

Вопрос 4.

Какие есть способы иммиграции путем инвестиций в Республику Корея? Какие существуют виды виз для иностранных инвесторов?

Если иностранный инвестор планирует иммигрировать в Корею, он может рассмотреть оформить такие визы, как визу для корпоративных инвесторов (D-8) или визу для инвестиций в недвижимость (F-2).

(1) Виза для корпоративных инвесторов (D-8) подразделяется на несколько категорий: 1) Ключевой специалист, который собирается работать в управлении, производстве или технологических секторах в структуре корейского юридического лица (D-8-1), 2) Генеральный директор компании, признанной венчурной или высокотехнологичной (D-8-2), 3) Ключевой специалист, который собирается работать в

управлении, производстве или технологических секторах в структуре компании, управляемой гражданином Кореи (D-8-3), 4) Учредитель юридического лица, который получил научную степень выше ассоциата (Associate Degree) в Корее, или имеет степень бакалавра и выше за рубежом, или рекомендован главой центрального административного органа Кореи в качестве обладающего интеллектуальным правом или сопоставимыми технологическими навыками (D-8-4).

(2) Виза для инвестиций в недвижимость (F-2): Согласно подзаконному правовому акту Минюста, для получения визы F-2 иностранец должен инвестировать в недвижимость в определенных регионах, таких как Альпенсия в Пхёнчхане (Канвондо), Свободная экономическая зона Сондо и районы Ёнчжондо и Чонгна в Инчхоне, Особая автономная провинция Чеджу, туристический комплекс Кёндо в Йосу (Чолла-Намдо), туристический курорт Хэунде и Восточный туристический комплекс в Пусане, район Чонгдончжин в Канныне (Канвондо) и район Хваянг в Йосу (Чолла-Намдо).

Вопрос 5.

Может ли иностранец выступить гарантом по гарантийному письму в пользу другого иностранца, подающего заявление на визу? Возникает ли у гаранта ответственность за проблемы иностранца-бенефициара?

Иностранный гражданин может выступить гарантом в гарантийном письме, если он имеет регистрационную карту иностранца. Срок гарантии не может превышать срок пребывания иностранца-бенефициара.

Согласно содержанию гарантийного письма, гарант обязан следить за тем, чтобы иностранец-бенефициар соблюдал все законы во время его пребывания, а также нести ответственность за оплату расходов на выезд и связанных с этим затрат, а также за расходы, которые могут возникнуть во время пребывания или задержания под стражей. Итак, гарант может отвечать за такие расходы.

사용된 단어

한국어	러시아어
투자이민	иммиграция путем инвестиций (капиталовложения, инвестирования) инвестиционная иммиграция
투자이민자	миграционный инвестор
외국인투자 규제	регулирование иностранных инвестиций
외국인등록	регистрация иностранца
외국인등록증	регистрационная карточка иностранца
신원보증서	гарантийное письмо
보증인	гарант
허가	разрешение
입국 거부	отказ во въезде
경제활동	экономическая деятельность
법인	юридическое лицо
벤처기업	венчурная компания венчурное предприятие
창업자, 발기인	основатель учредитель
지식재산권	интеллектуальное право право интеллектуальной собственности
지문등록	регистрация отпечатков пальцев дактилоскопическая регистрация

자주 사용되는 표현

이 표현들은 일상에서 자주 사용됩니다.

1. 명단에 포함되다 быть включенным в список лиц

예문 1: Если вы совершили серьёзное нарушение, вы можете быть включённым в список лиц, которым запрещён въезд.

중대한 위반을 저질렀다면, 입국 거부 대상자 명단에 포함될 수 있다.

예문 2: Иностранный студент может быть включённым в список лиц, подлежащих депортации, при повторном нарушении миграционных правил.

외국인 유학생이 출입국 규정을 반복적으로 위반할 경우에는 강제퇴거 대상자 명단에 포함될 수 있다.

2. 관련 허가를 받은 경우에만 при условии получения соответствующего разрешения

예문 1: Иностранный студент может работать неполный рабочий день при условии получения соответствующего разрешения на трудовую деятельность.

외국인 유학생은 관련 취업허가를 받은 경우에만 시간제 근무를 할 수 있다.

예문 2: Вы можете продлить свой статус пребывания при условии получения соответствующего разрешения от иммиграционного органа.

출입국 당국의 관련 허가를 받은 경우에만 체류자격을 연장할 수 있다.

3. 지불 책임을 부담하다 нести ответственность за оплату расходов

예문 1: Компания несет ответственность за оплату всех расходов, связанных с проектом.

회사는 프로젝트와 관련된 모든 비용에 대해 지불 책임을 부담한다.

예문 2: В случае депортации иностранца гарант может нести ответственность за оплату всех дополнительных затрат.

외국인이 강제퇴거될 경우, 보증인은 발생하는 모든 추가 비용에 대해 지불 책임을 부담할 수 있다.

연습문제

다음 문장들을 러시아어로 작문하시오.

1. 만 17세 미만 자녀를 대신해서 외국인등록증을 대리 신청하려면, 부모가 먼저 외국인등록과 지문등록을 해야 합니다.

2. 투자이민비자를 받으려면 신원보증서가 필요한지, 또 어떤 허가가 필요한지 꼭 확인하세요.

3. 유학생의 경우, 허가를 받은 경우에만 체류 중 경제활동이 가능하다는 사실을 잊지 마세요.

4. 입국 거부 통지를 받았다면 그 사유를 확인하세요.

5. 계약서에 명시된 대로, 그는 모든 비용에 대해 지불 책임을 부담해야 합니다.

Tip 생활법률 지식

1. 외국인 유학생의 취업활동

D-2(유학) 체류자격으로 대한민국에 체류하는 외국인 유학생은 원칙적으로 취업활동이 금지되고, 출입국 외국인청으로부터 체류자격 외 활동 허가를 받는 경우에만 통상적으로 학생이 하는 단순노무 시간제취업(아르바이트) 활동에 한정해 영리활동이 가능합니다. 다시 말해, 유학생은 허가를 받는다면 한국어 능력과 학위과정에 따라 정해진 허용시간의 범위 내에서 음식업/사무/관광안내 보조, 일반통번역 및 유학생의 전문분야 인턴 등의 단순업무에 종사할 수 있습니다.

이때 주의해야 할 점으로, ① 학점 및 출석미달과 같이 학업에 불성실하여 취업과 병행이 곤란해 보일 경우 체류자격 외 활동허가를 받는 데 지장이 있을 수 있다는 점, ② 개인 과외 교습이나 미성년 대상 외국어 교육 유관시설(영어키즈카페, 영어캠프 등), 배달 대행업체 및 학습지 교사 등과 같이 제한되는 근무형태가 있다는 점, ③ 거주지나 대학 소재지 기준 1시간 이상의 원거리 근무의 경우 허가를 위한 심사과정에서 불리하게 작용할 수 있다는 점을 유념하세요.

2. 외국인등록이란?

출입국관리법에서는 장기 체류하는 외국인들의 행정사무와 체류를 관리하기 위한 목적으로 대한민국에 90일을 초과해 체류하려는 외국인의 경우, 체류지 관할 지방출입국·외국인관서의 장에게 성명 등 개인정보 및 신분, 체류에 관한 사항 등을 등록하고 17세 이상인 자는 지문과 얼굴 등의 생체정보를 제공하도록 규정하고 있습니다.

외국인등록은 대한민국 국민의 주민등록에 갈음하는 효과를 가집니다. 그에 따라 국민에게 주민등록번호가 부여되고 주민등록증이 발급되듯이, 외국인등록을 마친

자에게는 고유한 외국인등록번호가 부여되고 외국인등록증이 발급됩니다. 또한 외국인등록을 마친 자가 체류지를 변경하는 경우 이를 신고할 의무가 부과되며, 이러한 외국인등록이나 체류지 변경신고에는 주택임대차보호법상의 대항요건 중 하나인 주민등록 및 전입신고와 같은 효력이 있습니다. 다시 말해, 외국인등록이나 체류지 변경신고를 마친 외국인은 임대차계약 시 대한민국 국민과 마찬가지로 주택임대차보호법에 따라 보호받을 수 있습니다.

3. K-eta란?

K-eta(대한민국 전자여행허가)는 출입국관리법 제7조의3(사전여행허가)에 근거하여 사증 없이 입국할 수 있는 외국인에 대해서도 대한민국에 입국하기 전에 미리 여행허가를 받도록 하는 제도입니다. 이때 사전여행허가의 적용대상이 되는 외국인이 입국 시 허가서를 지참하는 것은 외국인의 입국을 위한 요건 중 하나일 뿐이므로, 이에 따라 K-eta를 작성하고 허가를 받았다고 해서 곧바로 입국이 가능하게 되는 것은 아닙니다.

따라서 질문 3의 사례의 경우, K-eta를 작성한 것 자체로 외국인의 입국이 허용되는 것이 아니기 때문에, 출입국관리법에 따른 입국심사의 심사요건을 충족하지 못했다면 입국이 거부당할 수 있다는 점을 염두에 두어야 하며, 입국심사 시 입국수속 담당자의 질의에 허가서의 기재사항(숙소, 체류기간, 체류목적 등)과 다른 답변을 하거나, 체류목적이 불분명하다고 판단될 경우 입국이 거절될 수 있습니다.

4. 투자이민이란?

1) **기업투자(D-8)**의 경우, 외국인투자촉진법상의 외국인투자기업에 해당하는 대한민국 법인의 필수인력에게 인정되는 체류자격입니다. 구체적으로 대한민국 법인 및 대한민국 국민의 개인기업에 1억 원 이상의 투자를 하고, 10% 이상의 지분을 보

유하여 경영활동에 참가하는 등의 관계를 갖고 있는 외국인이나, 벤처기업/기술창업자인 대한민국 법인의 사업자인 경우가 이에 해당합니다. 만약 D-8 비자로 체류자격으로 5년 이상 유지한다면, 영주(F-5) 체류자격으로의 변경을 신청할 수 있습니다.

2) **부동산투자(F-2)**의 경우, 대한민국의 관광/휴양시설 혹은 공익사업에 투자한 외국인이나 법인의 임원, 주주 등에게 인정되는 체류자격입니다. 위 자격을 인정받기 위해서는, 정부가 지정한 투자대상 시설이나 사업에 대해 기준금액 이상에 해당하는 자금을 일정한 절차에 따라 출자한 뒤 관련 서류를 구비해야 합니다. 만약 외국인이 5년 이상 이러한 기준에 부합하는 투자를 유지한다면, 영주(F-5) 체류자격으로의 변경을 신청할 수도 있습니다.

5. 신원보증이란?

외국인에게 사증을 발급할 때, 필요한 경우 초청자 등에게 외국인의 신원을 보증하게 하도록 함으로써 그 외국인의 체류, 보호 및 출국에 드는 비용을 부담하게 하거나 이를 충당하기 위한 보증금을 예치하도록 할 수 있습니다.

질문 5의 사례의 경우, 외국인이 다른 외국인의 신원보증인이 되는 것은 가능하지만, 이 경우 신원보증인이 되는 외국인은 외국인등록을 마치고 외국인등록증을 가지고 있는 자로서 자신의 체류기간 내에서만 보증기간을 설정할 수 있으며 신원보증인인 외국인이 출국하게 되는 경우 새로운 신원보증인을 선정해야 한다는 점을 기억하세요.

II

Гражданское право
민사

01 중고거래에서 발생하는 법률 분쟁

사례 살펴보기

Вопрос 1.

Алекс всегда покупал необходимые вещи через онлайн-платформу для торговли подержанными товарами – "중고마켓 (далее – «рынок поддержанных товаров»)". В один день у него сломался ноутбук. На рынке поддержанных товаров он нашел ноутбук под брендом Samsung, который выглядел как совсем новый и продавался за полцены от той, что он ожидал. Алекс связался с продавцом, намереваясь провести сделку лично ради безопасности. Но Алекс доверился продавцу, который предложил оплатить товар авансом со ссылкой на личные обстоятельства и пообещал отправить ноутбук сразу после получения денег. Алекс перевел деньги через безопасную ссылку, предоставленную продавцом. Однако после этого продавец перестал выходить на связь, а просьбы Алекса подтвердить получение платежа остались без ответа. Прошло три дня – ноутбук так и не был доставлен, объявление продавца исчезло с сайта рынка подержанных товаров, а связь с ним окончательно прервалась. Что делать Алексу?

Это типичный случай мошенничества в сделке с подержанными товарами. По уголовному кодексу Республики Корея, действия, направленные на обман чужого лица с целью получения имущества или имущественной выгоды, наказываются за мошенничество. За это предусмотрено наказание в виде лишения свободы на срок до 10 лет или штрафа в размере до 20 миллионов вон.

В такой ситуации продавец на рынке поддержанных товаров не имел намерения продать товар, а путем обмана заставил Алекса поверить, что ноутбук будет продан, тем самым завладел его деньгами и получил имущественную выгоду. Такое действие расценивается мошенничеством согласно уголовному кодексу. Алекс может обратиться в киберполицию с жалобой или подать в следственные органы ходатайство о возбуждении

уголовного дела, указав, что он стал жертвой мошенничества. Для этого необходимо собрать как можно больше доказательств, подтверждающих факт мошенничества, и передать их в следственные органы. В качестве доказательств Вы можете использовать объявления продавца, переписку с ним, записи телефонных разговоров, данные о переводе денег и др.
Помимо привлечения к уголовной ответственности, продавец также должен будет возместить Алексу нанесенные имущественные убытки. Для этого Алекс должен, отдельно от подачи жалобы в следственный орган, инициировать гражданское судопроизводство. Он может подать иск о возмещении убытков, причиненных незаконным действием в рамках гражданского дела. Однако существует более быстрый и простой способ получения компенсации в рамках уголовного процесса – это "институт подачи ходатайства о компенсации ущерба, причиненного преступлением (т.е. институт гражданского иска в уголовном деле)[1]". В рамках института гражданского иска в уголовном деле можно ходатайствовать о компенсации ущерба, возникшего в связи с преступлением, что позволит получить частноправовую компенсацию в рамках уголовного процесса.

Вопрос 2.

В прошлом месяце Алекс, пытаясь купить подержанный ноутбук, стал потерпевшим мошенничества. Алекс решил быть осторожнее при покупке подержанных товаров, но продолжает покупать бытовые товары через рынок подержанных товаров. Однако после того инцидента Алекс установил для себя один принцип: независимо от обстоятельств продавца, если сделка не будет проводиться лично, он никогда не будет переводить деньги авансом или покупать товар.
На этот раз Алексу понадобился пылесос Dyson. Алекс нашел хорошую цену на подержанный пылесос Dyson на сайте рынка подержанных товаров, связался с продавцом и договорился о встрече, чтобы провести сделку лично. Встретив с

1 배상명령제도를 러시아어로 번역한 내용이며 향후 ходатайствовать о компенсации ущерба в рамках уголовного процесса로 기재한다.

продавцом на оговоренном месте, Алекс проверил внешний вид пылесоса. Но немного сомневаясь, что пылесос может не работать, Алекс пошел в ближайшее кафе, чтобы подключить его и проверить, работает ли он. После того, как пылесос без проблем заработал, Алекс с радостью оплатил и принес его домой. Но пылесос оказался с дефектом. Алекс убирал комнату купленным пылесосом около 10 минут, но вдруг он отключился. Когда Алекс снова включил пылесос, он работал, но через 10 минут снова выключился. Очевидно, что продавец продал Алексу дефектный товар. Что должен сделать Алекс с этим дефектным пылесосом?

Иными словами, покупатель может:

В случае выявления существенного дефекта в приобретенном подержанном товаре, о котором продавец заранее не сообщил и который препятствует нормальному использованию товара, покупатель вправе возложить на продавца ответственность за данный дефект.

В частности, покупатель имеет право:

1) расторгнуть договор в связи с наличием существенного дефекта и потребовать возврата уплаченной суммы, либо
2) предъявить требование о ремонте товара либо о возмещении расходов на ремонт.

Несмотря на эти требования, если продавец игнорирует обращения покупателя, последний вправе обратиться в суд с иском о расторжении договора и возмещении убытков.

Для обоснования своих требований рекомендуется собрать следующие доказательства, подтверждающие:

1) факт совершения сделки на рынке поддержанных товаров,
2) факт перевода денежных средств,
3) факт о наличии дефекта.

Рекомендуется немедленно после совершения сделки уведомить продавца о наличии обнаруженного дефекта, а также собрать и зафиксировать доказательства — например, фотографии или видеозаписи, подтверждающие, что данный дефект существовал ещё до начала использования товара покупателем. Поскольку продавец может утверждать, что пылесос изначально находился в исправном состоянии, а повреждение произошло в результате его использования покупателем, важно зафиксировать наличие дефекта при первом использовании сразу после совершения сделки. С этой целью рекомендуется уведомить продавца о выявленном дефекте, например, посредством текстового сообщения или иного способа, позволяющего сохранить доказательства.

Вопрос 3.

В связи с наступающим праздником Чусок, Алекс, как всегда внимательно заботящийся о своих близких, получает множество подарков от окружающих. В этом году ему подарили 3 упаковки пищевой добавки с пожеланиями следить за здоровьем во время учебы. Однако, получив 3 упаковки с ограниченным сроком годности, Алекс считал, что не успеет принимать все до истечения срока годности. Поэтому Алекс решил продать 2 упаковки на рынке подержанных товаров, чтобы немного заработать карманные деньги. Можно ли без ограничений покупать или перепродавать любые товары на сайте рынка продажи подержанных товаров?

Пищевые добавки — например, витамины, экстракты красного женьшеня и другие, — согласно действующему законодательству, могут продаваться только зарегистрированными предпринимателями, официально заявившими о ведении торговой деятельности. Продажа со стороны обычных частных лиц запрещена. Особенно рецептурные лекарственные препараты можно купить только по назначению врача и под руководством фармацевта, а безрецептурные — продаются исключительно в аптеках. Продажа пищевых добавок и лекарственных препаратов незаконна не только при сделке подержанных товаров, но и даже при бесплатной раздаче. Так как, бесплатная раздача также считается формой торговой деятельности. Если частное лицо будет уличено в перепродаже, например, витаминов или других пищевых добавок, такие действия могут быть выявлены Министерством по контролю за безопасностью пищевых продуктов и медикаментов или следственными органами. В этом случае нарушителю может грозить до 5 лет лишения свободы или штраф в размере до 50 миллионов вон.

Кроме того, есть товары, которые нельзя продавать на рынке поддержанных товаров, такие как алкоголь, сигареты, пищевые продукты и продукты питания и др. Запомните, что продажа запрещенных товаров на платформах подержанных товаров может привести к наказанию в соответствии с законом о санитарии продуктов питания, законом о защите молодежи и другими законодательными актами!

Вопрос 4.

Алекс хочет пойти на концерт певицы IU со своей девушкой в конце года, но ошибся со временем начала продажи билетов и не успел их купить. Друг сказал ему, что можно купить билеты в день концерта на месте, но билеты на месте продаются с наценкой, и Алекс задается вопросом, законна ли покупка таких билетов с рук.

Согласно положению ст. 4-2 закона о публичных выступлениях, министр культуры, спорта и туризма Республики Корея обязан принимать меры по предотвращению недобросовестной продажи входных билетов, пропусков на мероприятия, а также скидочных и обменных купонов и др. В соответствии с действующим уголовным кодексом, продажа билетов с рук считается мелким уголовным проступком. Положением ст. 3 закона о наказании за мелкие уголовные проступки предусмотрено: «Лицо, перепродавшее входной билет, билет на проезд или посадочный талон другому лицу с наценкой в местах, где осуществляется вход, посадка или посадка на судно за установленную плату, таких как концертные залы, стадионы, вокзалы, пристани, остановки и другие аналогичные места, подлежит наказанию в виде штрафа в размере до 200 000 вон, задержания или денежного взыскания (과료)[2].» Хотя прямого наказания за покупку

2 "과료(2,000원 이상 50,000원 미만 수준의 재산형)"에 대응하는 러시아어 법률 용어가 없는 까닭에, денежное взыскание로 임의 번역하였다.

таких билетов для “покупателя” в законе не указано, необходимо избегать как продажи, так и покупки незаконных билетов для поддержания здоровой культурной среды.

사용된 단어

한국어	러시아어
중고거래	торговля подержанными товарами
거래	сделка
하자	дефект недостаток
환불	возврат денег
유통기한	срок годности
판매업	торговая деятельность
진정	жалоба ходатайство
전문의약품	рецептные лекарственные препараты
구류	задержание
경범죄	мелкий уголовный проступок

자주 사용되는 표현

이 표현들은 일상에서 자주 사용됩니다.

1. 직거래를 하다 провести сделку лицно

예문 1: Они решили провести сделку лично, потому что их места проживания находились рядом.

그들은 거주지가 가까워서 직거래를 하기로 결정했다.

예문 2: При покупке подержанной камеры он предпочёл провести сделку лично, чтобы не рисковать доставкой.

중고 카메라를 살 때 그는 배송 위험을 피하기 위해 직거래를 하는 것을 선호했다.

2. 선불을 요구하다 требовать оплатить товар заранее (предоплату)

예문 1: Продавец внезапно требовал предоплату, обещая немедленную отправку, и это показалось мне подозрительным.

판매자가 즉시 발송해 준다며 선불을 요구해 의심스러웠다.

예문 2: Продавец потребовал оплатить товар заранее, чтобы избежать потенциальных рисков.

판매자는 잠재적 위험을 피하기 위해 선불을 요구했다.

3. 대금을 편취하다 завладеть деньгами

예문 1: Мошенник, притворившись менеджером фальшивого интернет-магазина, завладел деньгами десятков покупателей.

가짜 쇼핑몰 매니저로 위장한 사기꾼이 수십 명의 구매자에게서 대금을 편취했다.

예문 2: Суд установил, что ответчик завладел деньгами клиента под предлогом срочного ремонта.

법원은 피고가 급한 수리를 핑계로 고객의 대금을 편취했다고 판결했다.

4. 배상명령을 신청하다 ходатайствовать о компенсации ущерба в рамках уголовного процесса

예문 1: Потерпевший решил прямо ходатайствовать о компенсации ущерба в рамках уголовного процесса, чтобы быстрее получить деньги.

피해자는 돈을 빨리 받으려고 배상명령을 신청하기로 했다.

예문 2: Адвокат посоветовал клиенту ходатайствовать о компенсации ущерба в рамках уголовного процесса, потому что это проще, чем отдельный иск.

변호사는 별도 소송보다 간편하다며 배상명령을 신청하라고 의뢰인에게 조언했다.

5. 계속 무시하다 продолжать игнорировать

예문 1: Продавец получил деньги, но продолжал игнорировать все мои сообщения и звонки.

판매자는 돈을 받고서도 나의 메시지와 전화를 계속 무시했다.

예문 2: Если компания будет продолжать игнорировать нашу претензию, мы подадим иск в суд.

회사가 우리의 항의를 계속 무시하면 우리는 소송을 제기할 것이다.

연습문제

다음 문장들을 러시아어로 작문하시오.

1. 이반은 그의 선불 요구를 거절했습니다.

2. 피해자는 배상명령을 신청해 빠르게 돈을 받을 수 있었습니다.

3. 친구와 노트북을 구매할 때 우리는 안전을 위해 직거래를 하기로 했습니다.

4. 사기꾼이 인터넷으로 대금을 편취하자, 저는 은행에 계좌 지급정지를 신청했습니다.

5. 소비자의 환불 요청을 계속 무시하면 문제가 커질 수 있습니다.

Tip 생활법률 지식

1. 개인 간 중고거래 시 적용되는 법률은?

중고거래 사이트나 앱 같은 플랫폼을 이용한 개인 간 중고거래가 증가하며 이에 관한 법률적 문제가 발생하는 빈도 역시 늘고 있습니다. 그에 따라 중고거래와 관련된 분쟁 해결에 어떤 법률이 적용될 수 있는지 생각해 볼 수 있습니다.

원칙적으로 매매를 포함한 사인 간의 계약 등 법률행위에는 **민법**이 적용됩니다. 이때 물건 등의 매매가 상행위인 경우에는 **상법**이, 나아가 전자거래의 방식으로 상행위를 하는 전자상거래나 통신판매업자에 대해선 **전자상거래법**이 적용되며, 이외에 사업자와 소비자 사이 거래는 **소비자기본법**에 따라 규율됩니다. 한편 매매 등이 상행위가 되기 위해서는 이러한 행위를 영업으로, 즉 영리를 목적으로 계속성을 가지고 해야 하기 때문에, 중고거래가 사업자가 아닌 단순 개인의 특별히 영업성을 띠지 않는 행위인 이상 상법 및 전자상거래법, 소비자기본법 등이 적용될 여지없이 일반 원칙대로 민법에 따라 규율된다고 볼 수 있습니다.

질문에 나타난 사례들의 경우 중고거래 플랫폼을 이용한 사인들 사이의 통상적인 매매행위로서, 그와 관련된 법률문제에 대해서는 민법에 규정된 계약의 해제 및 원상회복, 담보책임, 불법행위에 의한 손해배상책임 등 일반적인 민법상의 법리를 적용하여 해결할 수 있습니다.

2. 배상명령제도란?

폭행죄나 사기죄 등 신체나 재산에 관한 범죄로 피해를 입은 당사자는 원칙적으로 가해자에 대해 고소 및 신고 등 형사절차를 거쳐 처벌받도록 하고, 범죄로 입은 손해에 관해서는 민사절차를 통해 그 피해를 배상받을 수 있습니다. 그러나 민사절차를 통한 권리구제는 경우에 따라 피해자에게 시간적, 물적 부담이 될 수 있기 때문에, 치료비나 범죄로 인한 재산피해 혹은 합의금액 등이 특정 가능하여 배상책임의 범위가 명백하다면 형사재판에서 피고인에게 유죄판결 선고와 함께 피해자에 대한 배상명령을 할 수 있도록 정하고 있습니다.

구체적인 절차를 보면, 먼저 배상명령을 신청할 수 있는 사건에서는 검사가 공소를 제기하면서 피해자 등에게 배상신청을 할 수 있음을 통지합니다. 이에 따라 피해자는 공판의 변론 종결 이전까지 서류제출 혹은 법정에서 구두신청의 방법으로 법원에 배상신청을 할 수 있습니다. 배상명령이 내려지면 확정 전에는 법원으로부터 가집행선고를 받을 수도 있고, 확정 후에는 민사판결 정본과 같은 효력으로 강제집행에 착수할 수도 있습니다.

질문 1의 사례의 경우, 중고거래 사기처럼 피해금액을 명확히 특정 가능하다면 민사소송으로 이를 청구하기보다는 형사절차 중 법원에 배상신청을 함으로써 더 간편하게 피해를 구제받을 수 있습니다. 하지만 피해금액에 관한 민사청구 등 다른 절차가 이미 법원에 계속 중이면 배상신청을 할 수 없다는 점도 유의하세요.

3. 하자담보책임이란?

사업자가 아닌 개인 간의 매매계약에서 매매의 대상이 되는 목적물에 하자가 존재하는 경우, 민법상 매도인의 하자담보책임에 따라 하자가 있는 사실을 안 날로부터 6개월 내에 계약의 해제 및 원상회복 또는 손해배상을 청구할 수 있습니다. 물론 하자에 대해 판매자에게 일반적인 계약상 채무불이행책임을 물을 수도 있지만, 하자담보책임은 채무불이행책임과 달리 매도인에게 과실 등 귀책사유가 없더라도 인정된다는 점에서 더 유리할 수 있습니다.

하자담보책임이 성립하게 되면 물건을 구매한 매수인은 매도인에게 ① 하자로 인해 그 물건을 구매한 목적을 달성할 수 없다면 계약의 해제 및 원상회복을 청구할 수 있고, ② 그 외의 경우에는 손해배상을 청구할 수 있습니다.

질문 2의 사례의 경우, 중고거래 물품에 하자가 존재한다면 판매자에게 손해배상을 청구할 수 있음은 물론, 하자가 중대하여 이를 구입한 목적을 달성할 수 없다면 매매계약의 해제 및 구매대금의 반환 등 원상회복을 청구할 수도 있습니다. 다만 하자담보책임이 인정되려면 물품의 하자가 매매계약 당시 존재했던 것으로서 구매자가 과실 없이 이를 알지 못했어야 하기 때문에, 상대의 소송상 주장에 대비해 그 점을 증명할 수 있어야 손해를 배상받기 유리합니다.

4. 중고거래 시 거래금지품목은?

질문 3에서 언급된 주류, 담배, 음식물, 의약품 및 건강기능식품 외에도 중고거래 시 주의가 필요한 품목은 다음과 같습니다.

1) **군복 및 군수품**은 군복단속법에 따라 군인이 아닌 자를 위해 판매 및 판매 목적으로 소지할 수 없으며, 군복과 외관상 식별이 곤란한 **유사군복** 역시 특별한 사유가 없다면 판매하거나 판매할 목적으로 소지해서는 안 됩니다.

2) **안경, 콘택트렌즈 등**의 판매는 의료기사법에 따라 안경사의 업무행위이므로, 안경사 면허를 소지하고 있지 않은 사람은 시력보정용 안경의 판매와 콘택트렌즈(시력보정용이 아닌 경우도 포함)의 판매를 할 수 없습니다.

3) **해외 직구물품**이 자가사용 목적으로 면세를 받아 세관을 통과한 것이라면, 구입 후 상당한 기간이 지나지 않은 상태에서 이를 중고로 판매할 경우 관세법상 관세포탈 및 밀수출입죄 혐의로 처벌받을 수 있습니다.

4) **종량제 봉투**의 제조 및 유통은 폐기물관리법에 따라 대행계약을 체결한 자만 할 수 있으므로 중고거래가 금지됩니다. **지역상품권** 역시 지역상품권법에 따라 이용자의 재판매가 금지되는 품목입니다.

5) **수제 향초**는 안전확인대상 생활화학제품이므로 관련법령에 따라 사전검사 및 승인을 받아야 타인에게 판매하거나 증여할 수 있습니다. 또한 판매목적이 아닌 **화장품 샘플**도 중고로 판매하면 화장품법에 의해 형사처벌을 받을 수 있습니다.

02 임대차계약관계에서 발생하는 법률 분쟁

사례 살펴보기

Вопрос 1.

Арендатор заключил договор аренды, далее получил «зафиксированную дату» и «силу противодействия». До истечения срока действия аренды он хотел продлить срок договора и связался с арендодателем по телефону, но арендодатель сообщил, что уже продал объект недвижимости другому лицу, и предложил связаться с новым собственником, после чего повесил трубку. А новый арендодатель предлагает продлить срок действия договора аренды под условием повышения арендной платы на 50 000 вон. Арендатор не может платить больше и хочет переехать в другое место. В таком случае от кого арендатору следует требовать возврата депозита – от прежнего арендодателя или от нового собственника?

Если арендодатель, который заключил первоначальный договор аренды с арендатором, продал объект недвижимости (квартиру) третьему лицу в период действия договора, то право собственности на квартиру и правовой статус арендодателя переходят к новому собственнику (покупателю). То есть, новый арендодатель, унаследовавший статус арендодателя, принимает на себя обязательство по возврату депозита на основании привативного перевода долга, освобождая от этой обязанности предыдущего собственника полностью. Следовательно, арендатор может потребовать возврат депозита от нового собственника квартиры. Однако, если арендатор считается не имеющим силу противодействия, он может предъявить свое требование о возврате депозита в адрес предыдущего собственника.

본 사례는 『러시아어 사법통역과 생활법률』(뿌쉬낀하우스, 2018)을 참고함

Вопрос 2.

Я подписал договор аренды сроком на два года, но котёл сломался, и теперь я хочу съехать. Сначала я попросил арендодателя починить котёл, но он ответил, что ранее котёл был в порядке и что ремонт должен оплатить арендатор — то есть я. Обязан ли я оплачивать ремонт? Стоимость ремонта составляет около 1 миллиона вон, и я предпочёл бы просто съехать. Хотя срок аренды ещё не истёк, могу ли я съехать досрочно? Арендодатель утверждает, что в случае досрочного выезда он не вернёт мне залог. Неужели я действительно не имею права съехать до окончания срока аренды?

1) Кто должен оплачивать ремонт котла?

Арендодатель (наймодатель) обязан передать арендатору (нанимателю) объект аренды (жилое помещение) и в течение всего срока действия договора обеспечивать его в состоянии, пригодном для использования и получения выгоды от пользования (ст. 623 гражданский кодекс Республики Корея). Итак, арендодатель обязан оплачивать ремонт и обслуживание элементов, требующих значительных затрат, таких как система отопления, водопровод, утечки и т.п.

Согласно судебной практике, если поломка касается частей, необходимых для достижения цели аренды – например, поломка котла зимой или повреждение электропроводки – обязанность по ремонту лежит на арендодателе. В то же время устранение незначительных и легко устранимых неисправностей, таких как замена лампочек, возлагается на арендатора (решение Верховного суда Республики Корея по делу № 98두18053 и др.).

Следовательно, в данном случае котёл относится к элементам, требующим значительных затрат на ремонт, и обязанность по его ремонту лежит на арендодателе. Если арендатор самостоятельно оплатит ремонт, он имеет право потребовать возмещения этих расходов от арендодателя.

Кроме того, если арендодатель не выполняет свою обязанность по ремонту (то есть отказывается чинить котёл), арендатор может расторгнуть договор аренды на основании нарушения обязательств по выплате со стороны арендодателя. В этом случае арендатор возвращает объект аренды (жилое помещение) и имеет право потребовать возврата суммы залога.

2) Могу ли я съехать до окончания срока аренды?

По общему правилу, арендатор может съехать только по окончании срока аренды, указанного в договоре. Это связано с тем, что арендодатель рассчитывает получать ежемесячную арендную плату в течение всего срока аренды (например, два года), и досрочный выезд арендатора может повлечь для него непредвиденные убытки.

Однако даже до окончания срока аренды возможен досрочный выезд по взаимному согласию сторон, так называемое «расторжение договора по соглашению сторон». На практике такое расторжение возможно, если арендатор: 1) самостоятельно находит нового арендатора, или 2) оплачивает комиссию агенту по недвижимости за услуги по поиску нового арендатора, а также, как правило, арендную плату за 1–2 месяца. Важно отметить, что договор аренды можно расторгнуть только по соглашению сторон. После расторжения арендатор имеет право на возврат суммы залога.

В данном случае причина досрочного выезда заключается в том, что арендодатель нарушил свою обязанность по ремонту, не обеспечив состояние, пригодное для проживания (например, отказался чинить котёл). Следовательно, арендатор вправе расторгнуть договор аренды без необходимости достижения отдельного соглашения с арендодателем, ссылаясь на неисполнение арендодателем своих обязательств. В этом случае арендатор возвращает жилое помещение и имеет право на возврат суммы залога.

본 사례는 『러시아어 사법통역과 생활법률』(뿌쉬낀하우스, 2018)을 참고함

Вопрос 3.

По истечении первоначального срока аренды, установленного на два года, договор был продлён в силу молчаливого согласия сторон, и арендатор продолжал проживать в жилом помещении в течение одного года. Спустя три месяца арендатор принял решение выехать в связи с переводом на работу в другой регион и уведомил арендодателя о намерении освободить помещение

через три месяца. Несмотря на это, арендодатель настаивает на том, что в случае молчаливого продления договор считается продленным на тех же условиях, что и ранее, а следовательно, арендатор обязан соблюдать новый двухлетний срок аренды. В то же время арендодатель выражает готовность на досрочное расторжение договора по соглашению сторон при условии, что арендатор возместит расходы на оплату услуг агента по недвижимости, а также выплатит арендную плату за два месяца. Возникает вопрос: обязан ли арендатор нести указанные расходы для реализации расторжения договора по соглашению сторон?

Нет, не обязан. Согласно положению п. 1 ст. 6 закона о защите аренды жилья, если арендодатель не уведомил арендатора о намерении отказаться от продления договора аренды или о намерении изменить условия договора аренды в период с 6 месяцев до 1 месяца до истечения срока аренды, то договор аренды считается автоматически продлённым на прежних условиях. Кроме того, пункт 2 той же статьи устанавливает, что в случае такой молчаливой пролонгации срок действия продлённого договора считается равным двум годам. Однако, согласно положению ст. 6-2 закона о защите аренды жилья, в случае молчаливого продления договора аренды арендатор имеет право в любое время уведомить арендодателя о расторжении договора, и такое расторжение вступает в силу через три месяца с даты получения арендодателем данного уведомления. Итак, закон признаёт за арендатором право на одностороннее расторжение молчаливо продлённого договора аренды.
В данном случае ни арендодатель, ни арендатор не уведомили друг друга о намерении продлить либо прекратить договор аренды не позднее чем за один месяц до истечения первоначального срока его действия. Следовательно, договор считается продлённым в силу молчаливого согласия сторон. В соответствии с пунктами 1 и 2 статьи 6 закона о защите аренды жилья, срок действия такого продлённого договора считается равным двум годам. Тем не менее, арендатор имеет право в любое время направить арендодателю уведомление о расторжении договора. В этом случае договор считается расторгнутым по истечении трёх месяцев с момента получения арендодателем соответствующего уведомления. Таким образом, арендатор не нарушает условий договора и,

следовательно, не обязан оплачивать комиссию агенту по недвижимости или выплачивать арендную плату за два месяца. Следовательно, арендатор вправе расторгнуть молчаливо продлённый договор аренды в одностороннем порядке на основании предусмотренного законом права, без необходимости заключения соглашения о расторжении договора с арендодателем.

Однако, поскольку расторжение договора вступает в силу лишь по истечении трёх месяцев с момента получения арендодателем уведомления о расторжении, арендатор обязан добросовестно выплачивать арендную плату в течение указанного трёхмесячного периода. Например, если арендатор направил уведомление о расторжении в мае, но фактически выехал уже в июне, не дождавшись окончания трёхмесячного срока, то арендодатель сохраняет право на получение арендной платы за весь период до вступления расторжения в силу. Следовательно, арендатор обязан уплатить арендную плату за оставшиеся два месяца.

Вопрос 4.

Доминик после завершения учёбы в Корее нашёл работу и остался жить в Корее. Во время учёбы он проживал в общежитии, однако после окончания университета снял небольшую квартиру по договору «чонсе (전세)». По прошествии почти двух лет проживания в данной квартире, Доминик решил переехать и уведомил собственнику квартиры о своём намерении, одновременно попросив вернуть сумму залога в день переезда. Однако собственник квартиры заявил следующее: «У меня сейчас нет свободных средств, поэтому подожди, пока я найду нового наемщика, или, если спешишь, просто доверься мне и переезжай – я обязательно верну тебе залог». В этой ситуации возникает вопрос: может ли Доминик довериться собственнику и переехать, не дождавшись возврата суммы залога?

(1) В соответствии со статьёй 3 закона о защите аренды жилья (*сила противодействия и др.*), «в случае, если арендатор получил владение жилым помещением и оформил регистрацию резидента, то с следующего

дня данные действия приобретают юридическую силу против третьих лиц». Передача владения жилым помещением и оформление регистрации резидента являются необходимыми условиями для приобретения и сохранения силы противодействия. Таким образом, если арендатор съезжает с жилого помещения, не получив обратно сумму залога, он утрачивает ранее приобретённую силу противодействия и право на преимущественное удовлетворение требований, что может затруднить возврат суммы залога.

(2) В случае, как указано выше, если арендодатель не возвращает сумму залога по договору чонсе, для сохранения силы противодействия и права на преимущественное удовлетворение требований арендатору рекомендуется не переехать. Однако если по обстоятельствам арендатор вынужден съехать, он может воспользоваться механизмом подачи заявления о выдаче судебного ордера на внесение в реестр права аренды в соответствии со статьёй 3-3 закона о защите аренды жилья. После получения соответствующего судебного ордера и внесения записи в реестр, арендатор приобретает или сохраняет силу противодействия и право на преимущественное удовлетворение требований.

사용된 단어

한국어	러시아어
계약	договор контракт соглашение
주택임대차계약	договор найма жилого помещения
임대차계약	договор аренды
임대인	арендодатель
임차인	арендатор
집주인	наймодатель
세입자	наниматель

차임	арендная плата
보증금	депозит залог
반환	возврат
매도	продажа
소유권	право собственности
면책적 채무인수	привативный перевод долга
병존적 채무인수	кумулятивный перевод долга
확정일자	зафиксированная дата
소유주	собственник
대항력	сила противодействия
묵시적 갱신	молчаливое продление
조기 퇴거	досрочный выезд досрочное освобождение помещения
계약 해지, 해제	расторжение договора
비용 보상	возмещение расходов
판례	судебная практика
수선의무	обязанность по ремонту

자주 사용되는 표현

이 표현들은 일상에서 자주 사용됩니다.

1. (보증금 반환을) 청구하다 предъявить требование (о возврате депозита)

예문 1: Арендатор предъявил требование о возврате депозита после окончания срока аренды.

임차인은 임대 기간이 끝난 후 보증금 반환을 청구했다.

예문 2: Мы направили официальное письмо с требованием о возврате депозита.

우리는 보증금 반환을 요구하는 공식 서한을 보냈다.

2. (~에게) 면책하다 освободить кого от чего

예문 1: Суд освободил арендатора от обязательства оплачивать аренду за последний месяц.

법원은 임차인에게 마지막 달 차임 지급 의무를 면책했다.

예문 2: Компания была освобождена от обязательства провести оплату в связи с форс-мажорными обстоятельствами.

회사는 불가항력적인 사유로 인해 대금지급 의무에서 면책되었다.

3. 계약을 체결하다 заключить договор

예문 1: Обе компании заключили договор аренды сроком на три года.

두 회사는 3년간의 임대차계약을 체결했다.

예문 2: Перед заключением договора необходимо внимательно изучить его условия.

계약을 체결하기 전에 반드시 그 조건을 면밀히 검토해야 한다.

4. 계약을 갱신하다 продлить срок действия договора

예문 1: Мы решили продлить срок действия договора ещё на два года.

우리는 계약기간을 2년 갱신하기로 결정했다.

예문 2: Если арендатор хочет продлить договор, он должен уведомить арендодателя за определенный срок до окончания срока аренды.

임차인이 계약을 갱신하려면 임대차 기간이 만료되는 일정 기간 전에 임대인에게 통보해야 한다.

5. 임대 계약기간이 만료되기 전까지 до истечения срока действия аренды

예문 1: Арендатор обязан освободить помещение до истечения срока действия аренды.

임차인은 임대 계약이 만료되기 전에 퇴거해야 한다.

예문 2: Арендодатель уведомил арендатора о повышении арендной платы за три месяца до истечения срока действия аренды.

임대인은 임대 계약이 만료되기 3개월 전에 임차인에게 차임 인상을 통보했다.

6. ~에 대한 의무를 지다 принимать на себя обязательство по чему

예문 1: Арендатор принимает на себя обязательство по оплате коммунальных услуг.

임차인은 공공요금 납부에 대한 의무를 진다.

예문 2: Компания принимает на себя обязательство по соблюдению всех условий контракта.

회사는 계약상 모든 조건에 대하여 준수할 의무를 진다.

7. 계약을 해지하다 расторгнуть договор

예문 1: Арендатор расторгнул договор аренды из-за неисполнения обязательств со стороны арендодателя.

임차인은 임대인의 채무불이행을 이유로 임대차계약을 해지하였다.

예문 2: Перед тем как расторгнуть договор, нужно проконсультироваться с адвокатом.

계약을 해지하기 전에 변호사와 상담해야 한다.

8. 당사자 합의에 따라 по взаимному согласию сторон

예문 1: Размер залога скорректирован по взаимному согласию сторон.

보증금 액수는 당사자 합의에 따라 조정되었다.

예문 2: Вопрос повышения размера арендной платы решается по взаимному согласию сторон.

차임 인상 여부는 당사자 합의에 따라 결정된다.

9. 보증금을 반환하다 возвратить депозит

예문 1: Наймодатель возвратил депозит в день выезда.

집주인은 퇴거 당일에 보증금을 반환했다.

예문 2: Когда наниматель сам устранил дефект, наймодатель сразу возвратил депозит.

세입자가 하자를 직접 수리하자 집주인은 즉시 보증금을 반환하였다.

10. 차임을 지급하다 выплачивать арендную плату

예문 1: Он выплачивает арендную плату пятого числа каждого месяца.

그는 매달 5일에 차임을 지급한다.

예문 2: При невыплате арендной платы начисляется пеня.

차임을 지급하지 않으면 지체상금이 부과된다.

연습문제

다음 문장들을 러시아어로 작문하시오.

1. 임차인은 계약이 종료한 후 보증금 반환을 청구할 수 있습니다.

2. 만약 새로운 소유주가 임차인이 임대차목적물을 계속 사용하는 것을 원하지 않는다면, 기존 계약을 갱신하지 않을 수도 있습니다.

3. 임차인이 대항력을 가지려면, 전입신고를 마치고 해당 부동산에 실거주해야 합니다.

4. 새로운 소유주는 이전 소유주의 의무를 져야 하므로, 임차인의 보증금 반환 요청을 거부할 수 없습니다.

5. 계약서에는 임대 계약기간 만료 전에 연장 또는 해지에 관한 조건이 명시되어야 합니다.

6. 양측은 당사자 합의에 따라 보증금을 반환하기로 했습니다.

7. 그는 차임을 지급하기 위해 아르바이트를 시작했습니다.

Tip 생활법률 지식

1. 임대차계약이란?

민법상의 임대차계약은 당사자 중 일방이 상대방에게 목적이 되는 물건을 사용·수익하게 해 주는 대신 상대방은 차임을 지급할 것을 약정하는 계약입니다. 이때 목적이 되는 물건을 빌려주는 사람을 **임대인**, 물건을 이전받아 사용·수익하고 차임을 지급하는 사람을 **임차인**이라 합니다.

2. 임대인/임차인의 권리와 의무

임대차계약의 체결에 따라 계약기간 동안 임대인과 임차인은 목적물에 관하여 각각 민법에 정해진 권리를 행사하거나 의무를 이행하게 됩니다.

1) 먼저 **임차인**은 임대차계약의 내용에 따라 목적물을 ① **사용·수익**할 수 있는 권리를 취득합니다. 이를 위해 임대인에게 목적물을 사용·수익에 필요한 상태로 유지해 줄 것을 청구할 수도 있고, 그에 관하여 임차인이 필요비를 지출했다면 임대인에게 직접 비용을 청구할 수도 있습니다. 또 임차인은 사용·수익의 대가로 ② 임대인에게 **차임을 지급**할 의무를 집니다. 한편 임대차계약이 종료되면 임차인은 임대인에게 ③ **목적물을 원래 상태로 회복시켜 반환**할 의무가 있으며, 이때 임차인의 비용부담에 의해 목적물의 가치가 증가한 상태라면 그 액수를 임대인에게 청구할 수 있습니다.

2) **임대인**은 앞서 본 것처럼 임차인이 목적물을 **사용·수익하게 할 의무** 및 그 상태를 유지하기 위한 수선의무나 방해제거의무를 집니다. 또한 그 반대급부로 임차인에게서 **차임을 지급받을 권리**를 가지며, 임대차계약이 종료된 시점에는 목적물의 원상회복과 반환을 청구할 수 있는 대신 그와 동시에 **임대차보증금을 반환**할 의무를 부담합니다.

3. 주택임대차보호법상의 대항력과 확정일자란?

1) **대항력**이란 유효하게 성립한 임대차계약 관계를 제3자에게 주장할 수 있도록 인정한 법률상의 힘을 말합니다. 임대차계약은 원칙상 임대인과 임차인 간에만 효력이 있는 채권계약이지만, 주택임차인의 권리를 보호하기 위해 임대차계약 체결 후 ① 주민센터를 통해 전입신고를 마치고 ② 임대차의 목적인 주택을 인도받으면 그 다음날부터 대항력이 발생하도록 정하고 있습니다.

대항력을 취득한 임차인은 임대차보증금에 대해 법에 정해진 일정 범위 내에서 **소액임차인의 최우선변제권**을 인정받을 수 있습니다. 즉, 임대차의 목적물인 부동산이 경매로 매각될 때 다른 채권자나 저당권자 등과 무관하게 최우선으로 일정액의 보증금을 보호받게 됩니다. 또한 임대인이 목적물을 제3자에게 처분해도 대항력을 갖춘 임차인은 제3자에게 임대인의 지위가 승계되었음을 주장할 수 있으며, 임대차계약도 이전과 같이 존속하므로 제3자가 퇴거를 요청하더라도 종전처럼 임차인으로서의 권리를 행사할 수 있습니다.

2) **확정일자**란 임대차계약에 공적 효력을 부여하는 일자로, 확정일자 취득 시 그 날짜에 임대차계약이 성립하였다는 사실을 법적으로 인정받게 됩니다. 임차인이 대항력과 확정일자를 취득하면 임대차보증금 전액에 **우선변제권**을 취득할 수 있습니다. 즉, 목적물이 경매로 매각될 때 (최우선변제권으로 확보하지 못한 나머지 보증금에 대해) 확정일자의 순위에 따라 후순위 권리자나 채권자에 우선하여 보증금을 보호받게 됩니다.

4. 면책적 채무인수/병존적 채무인수란?

1) **면책적 채무인수**는 기존 채무자가 부담하던 채무를 제3자가 인수해 기존의 채무자가 채무에서 완전히 벗어나게 되는 경우를 말합니다. 따라서 채권자는 기존의

채무자가 아닌 새로운 채무자에게만 변제를 요구할 수 있습니다.

2) **병존적 채무인수**는 기존 채무자가 채무를 부담하는 상태에서 제3자가 추가로 채무를 인수하여 두 사람이 함께 변제책임을 지는 경우입니다. 이때 채권자는 기존 채무자와 새 채무자 중 누구에게든 변제를 요구할 수 있습니다.

질문 1의 사례의 경우, 대항력과 확정일자를 취득한 임차인은 주택의 소유권을 이전받은 새로운 집주인에게 기존 임대차계약의 존속을 주장하고 임차인의 권리인 계약갱신권을 행사할 수 있지만, 계약 갱신 시 임대인 역시 5% 범위 내에서 차임증액청구가 가능하므로 이에 불만이 있는 임차인이 퇴거를 결정한 사안입니다. 이 때 새로운 집주인이 임대차계약의 대항력에 의해 임대인의 지위를 승계하는 반면 기존 임대인은 목적물의 매도로 인해 임대차계약에 따른 채무에서 벗어나게 되므로, 면책적 채무인수의 법리에 따라 임대차보증금의 반환은 옛날 임대인이 아닌 새로운 집주인에게 구해야 한다는 점을 기억하세요.

5. 계약의 해지란?

계약은 당사자 일방의 해지권 행사를 통해 해지할 수 있으며, 계약이 해지되면 민법에 따라 계약의 효력은 **장래를 향해 소멸**하고 당사자 사이에는 계약관계의 청산의무가 남게 됩니다. 임대차계약이 해지되는 경우 임차인은 목적물을 임대인에게 반환하고 임대인은 임대차보증금을 임차인에게 반환해야 하며, 당사자에게 이미 발생한 손해배상의무는 계약의 해지에 영향을 받지 않습니다.

계약해지의 요건으로서의 해지권은 ① 당사자 사이 약정에 정한 바에 따른 **약정해지권** ② 법률에 규정된 사유에 따른 **법정해지권** ③ 약정이나 법률에 관계없이 당사자 간 의사합치에 따른 **합의해지권**의 세 종류가 있습니다.

질문 2의 사례의 경우, 임대인이 목적물에 대하여 임차인의 사용·수익에 필요한 상태를 유지하기 위해 수선할 의무를 고의로 이행하지 않고 있으므로, 그로 인해 임차목적을 달성할 수 없는 상황에 이르렀다면 임차인은 이를 이유로 민법상 채무불이행책임에 따른 해지권을 행사할 수 있습니다.

질문 3의 사례의 경우에는, 본문에 언급된 바와 같이 주택임대차보호법에 따른 묵시적 갱신에 관하여 임차인이 법정해지권이 규정되어 있으므로, 결국 두 사안 모두 당사자 간 합의에 의한 해지가 가능함과는 별도로 법정해지권에 기해 임차인 단독으로도 임대차계약을 해지할 수 있습니다.

6. 임차권등기명령이란?

주택임대차보호법상의 대항력을 갖기 위해서는 전입신고를 통한 주민등록과 주택의 인도라는 두 가지 요건을 유지해야 하기 때문에, 임대차보증금을 받지 못한 채 이사를 가게 되는 등의 이유로 대항력을 상실하게 된다면 우선변제권은 물론 소액임차인의 최우선변제권도 행사하기 어렵습니다. 이러한 상황에 놓인 임차인을 보호하기 위해, 임대차계약 종료 후 보증금을 반환받지 못한 임차인이 관할법원에 임차권등기명령을 신청하면 재판을 거쳐 그 사항을 등기부에 기입하도록 함으로써 임차인이 대항력 및 우선변제권을 유지하거나 새로이 취득(기존에 대항력이 없었던 임차인의 경우)할 수 있도록 정하고 있습니다.

질문 4의 사례의 경우, 임차권등기를 통해 대항력과 우선변제권을 유지한다면 이후 이사를 가게 되어 주민등록과 주택의 점유를 이어가지 않더라도 종전과 같이 임대차보증금을 보호받을 수 있습니다. 또한 임대인의 보증금반환의무는 임대인의 임차권등기말소의무보다 먼저 이행되어야 하는 의무이기 때문에, 임대인으로부터 보증금을 돌려받기 전까지는 이미 기입된 임차권등기를 먼저 말소해야 할 필요가 없다는 점도 기억해 두세요.

03 불법행위에 따른 손해배상책임

사례 살펴보기

Вопрос 1.

Деликтная ответственность: общая часть

Я опаздывал на лекцию и был готов сразу же выйти из вагона поезда 2-й линии метро, направляющего на станцию Синчхон. Однако в момент открытия дверей я столкнулся плечом с пассажиром, который сразу стремительно вошел в вагон. В результате столкновения его мобильный телефон упал на пол, и экран треснул. Пассажир схватил меня за руку и потребовал полностью возместить стоимость ремонта мобильного телефона, утверждая о готовности обратиться в полицию за повреждение чужого имущества. Я считаю, что пассажир также виновен, так как он должен бы дождаться выхода других пассажиров из вагона. Более того, он смотрел исключительно в экран своего телефона. Тем не менее, он настаивает, что если я не возмещу ущерб в полном объеме, то он подаст в полицию заявление на возбуждение уголовного дела, а также предъявит иск о возмещении убытков. Что мне делать?

Уголовная ответственность не наступает. В контексте уголовного права повреждение чужого имущества наказывается только в случае наличия умысла. Поэтому повреждение имущества, произошедшее по небрежности, не подлежит привлечению к уголовной ответственности.
С гражданско-правовой точки зрения может возникнуть вопрос о возмещении убытков в соответствии со статьей 750 гражданского кодекса. Для удовлетворения иска о возмещении убытков, возникших из-за незаконных действий, в соответствии со статьей 750 гражданского кодекса, необходимо иметь следующие условия:

(1) наличие умысла или небрежности,
(2) причинение вреда,

(3) наличие противоправности,
(4) возникновение убытков,
(5) наличие причинно-следственной связи между убытками и причинением вреда.

Фабула дела соответствует всем указанным требованиям, поэтому причинитель вреда обязан нести ответственность за возмещение убытков, причиненных повреждением мобильного телефона потерпевшего. Однако в случае наличия вины потерпевшего, причинитель вреда вправе заявить об учете взаимной вины потерпевшего. Для учета взаимной вины при определении размера возмещения убытков необходимо установить степень вины потерпевшего с учетом конкретных обстоятельств дела.
(1) В общем случае, если потерпевший и причинитель вреда столкнулись друг с другом во время движения, в результате чего была повреждена вещь, можно утверждать, что потерпевший также проявил небрежность, не соблюдая обязанность следить за обстановкой впереди. В этом случае применяется правило учета взаимной вины потерпевшего.
(2) В данном случае, поскольку потерпевший, не проверив, выходили ли пассажиры из вагона метро, стал входить, продолжая смотреть на экран своего мобильного телефона. В результате он столкнулся с причинителем вреда, который спешил выйти из вагона, и из-за этого уронил свой телефон. При таких обстоятельствах представляется возможным выдвинуть возражение о взаимной вине потерпевшего. Разумеется, если предлагается оспаривать обстоятельства столкновения, целесообразно проверить утверждения потерпевшего с помощью записи с камер видеонаблюдения.
К тому же, по общему правилу, возмещение убытков осуществляется в денежной форме в пределах фактически понесенного ущерба. Следовательно, если потерпевший предъявит квитанцию на оплату фактически проведенного ремонта, возмещению подлежит только указанная в ней сумма.

본 사례는 『러시아어 사법통역과 생활법률』(뿌쉬낀하우스, 2018)을 참고함

Вопрос 2.

Ответственность родителей по надзору за ребенком

Изабелла, воспитывающая двоих малолетних детей в Корее, из-за тяжелого экономического состояния подрабатывала 2-3 раза в неделю на условиях неполной занятости. Во время подработки Изабеллы за детьми присматривала ее сестра. Однажды, когда Изабелла была на работе, она получила срочный звонок от своей сестры. Её сестра сообщила, что старший ребенок (7 лет) получил серьезную травму на детской площадке и был доставлен в больницу. Изабелла сразу же поехала в больницу. Когда Изабелла приехала в больницу и пыталась выяснять, как её ребенок получил травму, она узнала, что друг ее ребенка неожиданно толкнул его, который в тот момент катался на качелях, в результате чего ее ребенок получил травму. Родители ребенка, причинившего вред, признали, что их ребенок виноват, но отказались от какой-либо компенсации, утверждая, что это произошло в ходе игры между детьми, и что ребёнок еще мал для привлечения к уголовной ответственности. Может ли Изабелла предъявить какие-либо требования к причинителю вреда или к его родителям?

(1) В соответствии с уголовным кодексом Республики Корея, лицо, не достигшее 14-летнего возраста, считается уголовно недееспособным и не подлежит уголовному наказанию. Кроме того, в соответствии с законом о несовершеннолетних, принудительные меры воспитательного воздействия могут применяться лишь к несовершеннолетним в возрасте от 10 лет и старше. Таким образом, в данной фабуле причинитель вреда, которому всего 7 лет, не подлежит ни уголовной ответственности, ни применению каких-либо принудительных мер воспитательного воздействия.

(2) Однако, как указано выше, тот факт, что причинитель вреда не подлежит уголовному наказанию, не означает, что его гражданская ответственность не исключается. Согласно гражданскому кодексу, если лицо, причинившее вред другому лицу, является несовершеннолетним или по иным причинам не несет ответственности, обязанность по возмещению убытков возлагается на лицо, которое по закону обязано

осуществлять надзор за таким несовершеннолетним ребенком. Итак, как в данном деле, если убытки возникли в результате незаконных действий несовершеннолетнего, потерпевший может предъявить иск о возмещении убытков к его законным представителям – родителям. Таким образом, Изабелла может предъявить родителям причинителя вреда свое требование о компенсации понесенных медицинских расходов, предполагаемых будущих расходов на лечение, а также морального вреда и др.

사용된 단어

한국어	러시아어
과실	небрежность грубая неосторожность вина
불법행위	незаконные действия деликт
불법행위책임	деликтные обязательства деликтная ответственность
고의	умысел
위법성	противоправность
과실상계	учет взаимной вины потерпевшего
법정대리인	законный представитель
책임능력	деликтоспособность
진료비	медицинские расходы расходы на лечение
위자료	компенсация морального вреда
보호처분	принудительные меры воспитательного воздействия

자주 사용되는 표현

이 표현들은 일상에서 자주 사용됩니다.

1. 요건을 충족하다 соответствовать требованиям

예문 1: Этот кандидат соответствует требованиям для поступления в магистратуру.

이 지원자는 석사과정 입학 요건을 충족한다.

예문 2: Чтобы получить кредит, нужно соответствовать требованиям банка.

대출을 받기 위해서는 은행의 요건을 충족해야 한다.

2. ~를 감독할 의무가 있다 обязан осуществлять надзор за чем/кем

예문 1: Родители обязаны осуществлять надзор за ребёнком и обеспечивать его безопасность.

부모는 자녀를 감독하고 안전을 보장할 의무가 있다.

예문 2: Владельцы обязаны осуществлять надзор за собакой, чтобы она не причинила вред окружающим.

반려견이 타인에게 피해를 주지 않도록 주인은 감독할 의무가 있다.

3. 과실비율을 정하다 установить степень вины

예문 1: В подобных случаях необходимо установить степень вины каждой стороны.

이런 경우 각 당사자의 과실비율을 정해야 한다.

예문 2: Суд рассмотрел все обстоятельства и установил степень вины потерпевшего.

법원은 모든 정황을 고려해 피해자의 과실비율을 정했다.

4. A와 B 사이의 인과관계 причинно-следственная связь между A и B

예문 1: Существует причинно-следственная связь между невнимательностью водителя и аварией.

운전자의 부주의와 사고 사이에는 인과관계가 있다.

예문 2: Суд установил, что существует причинно-следственная связь между отсутствием надзора и травмой ребёнка.

법원은 감독의 부재와 아동의 부상 사이에 인과관계가 있다고 판단했다.

5. 사실관계를 다투다 оспаривать обстоятельства

예문 1: Потерпевший начал оспаривать обстоятельства дела и потребовал проверки видеозаписи.

피해자는 사실관계를 다투며 영상 기록을 확인해달라고 요구했다.

예문 2: У обвиняемого есть намерение оспаривать обстоятельства происшествия.

피고인에게는 사건의 사실관계를 다투려는 의도가 있다.

연습문제

다음 문장들을 러시아어로 작문하시오.

1. 어린이가 공공장소에서 타인의 물건을 망가뜨렸다면, 부모는 감독할 의무를 소홀히 한 것으로 간주될 수 있습니다.

2. 같은 사고라도 과실비율을 정하는 방식에 따라 배상금의 액수는 달라질 수 있습니다.

3. 고의가 인정되지 않아도, 일정한 경우에는 위자료 지급을 판결할 수 있습니다.

4. 피해자 측이 사실관계를 다투기 위해 추가 증거를 제출했습니다.

Tip 생활법률 지식

1. 과실상계란?

민법에서는 손해배상책임에 관하여 배상을 받아야 할 자(쉽게 말해 '피해자')에게 손해의 발생 또는 손해의 확대에 있어 과실이 있는 경우 배상책임 및 배상액 산정에 이를 참작하도록 정하고 있습니다. 이를 과실상계라 하고, 개별 불법행위 사안에 일률적인 손해배상책임의 기준을 적용하는 대신 손해분담의 공평을 기하기 위한 제도입니다. 한편, 상대의 부주의를 이용하여 고의로 불법행위를 저지른 자가 그 부주의를 이유로 과실상계를 주장하는 것은 허용되지 않습니다.

따라서 질문 1의 사례의 경우, 불법행위로 인한 손해배상책임을 지는 자(쉽게 말해 '가해자')는, 피해자에게 손해발생에 대한 과실이 있다고 인정된다면 가해자 자신이 그에 편승한 고의가 없는 이상 손해액으로부터 과실비율에 따른 과실상계로 배상액을 감경받을 수 있을 것입니다. 과실상계의 전제가 되는 과실에는 피해자 본인뿐만 아니라 감독의무자인 부모나 가까운 친족 등 신분상 피해자와 실질적 동일시되는 자의 과실도 포함된다는 점도 기억하세요.

2. 손해배상의 범위는?

민법상 손해배상은 무한정 확장된 모든 손해 전체에 대해서가 아니라 법으로 정해진 바에 따라, 현실적으로 발생한 피해의 범위 내에서 금전으로 이루어져야 한다는 것이 원칙입니다. 따라서 실제 지불되어야 할 손해배상액의 범위산정을 위한 기준이 필요합니다. 민법에서는 기본적으로 **통상손해**를 그 한도로 정하는 한편, 이를 넘어서 손해가 발생할 수 있다는 사실을 배상책임자가 **알거나 알 수 있었을 경우**에 한하여 **특별손해**를 배상하도록 하고 있습니다.

1) **통상손해**는 다른 사정이 없는 이상 일반적으로 특정 행위에 따라 발생할 것이라 생각되는 손해를 말합니다. 불법행위로 인하여 물건이 훼손된 경우에는, 물건이 멸실되었거나 수리 불가능할 정도로 못 쓰게 되었다면 그 교환가격에 해당하는 금액이 통상손해가 됩니다. 한편 물건을 수리해 사용 가능한 정도라면 수리비가 통상손해가 되지만, 이 때에도 수리비가 물건의 교환가치를 넘어서게 된다면 이를 초과한 손해배상액의 청구는 제한되는 것이 원칙입니다.

2) **특별손해**란 통상손해 외 당사자의 개별적, 구체적 사정에 따른 손해로서, 물건이 멸실된 경우 그 이후 가격이 급등했다면 그 부분에 관한 손해나, 특정 기일에 운송받기로 했으나 운송이 지체된 바람에 최종 소비자와의 납기를 맞추지 못함으로써 발생된 손해 등이 이에 해당합니다.

질문 1의 사례의 경우, 피해자가 핸드폰에 입은 통상손해는 수리비 상당의 금액이기 때문에 다른 특별한 사정이 없는 이상 그 범위 내에서 배상책임이 성립하고, 필요한 경우 과실상계 등을 통해 최종적인 배상액이 산정됩니다.

3. 감독의무자의 손해배상책임이란?

민법에서는 행위의 책임을 변식할 능력이 없는 **미성년자나 심신상실자** 등 책임능력이 없는 사람이 입힌 손해에 대해서는 손해배상책임이 성립하지 않는다고 규정하고 있습니다. 그러나 이때에는 그를 **감독할 법정의무자**가 대신 그 손해를 배상해야 하므로, 미성년자의 경우 **친권자**나 **후견인** 등, 혹은 (특정한 구체적 상황에 한해서) 감독의무를 지는 학교 교사 등이 손해배상책임을 집니다. 손해배상책임을 지게 되는 감독의무자는 감독의무를 게을리하지 않았음이 인정되면 면책될 수 있지만, 그 사실은 감독의무자 자신이 증명해야 합니다.

질문 2의 사례의 경우, 책임능력 없는 미성년자의 행위로 인한 손해배상책임은 그 감독의무자인 친권자(부모)가 지게 되며, 이를 면하기 위해서는 부모 자신이 미성년자에 대한 감독의무를 게을리하지 않았다는 사실을 증명해야 합니다.

04 다양한 계약분쟁

사례 살펴보기

Вопрос 1.

Гражданское дело – Отмена договора поставки товаров

Компания «A» занимается производством и продажей электронных компонентов. Компания «B» заключила с компанией «A» договор поставки товаров с целью получения комплектующих для сборки смартфонов.
На момент заключения договора компания «A» заявила компании «B», что её продукция представляет собой высококачественные компоненты, поставляемые в качестве товаров поставщика первого уровня для компании «C Electronics», а также что она имеет сертификаты KS и ISO. Однако на самом деле компанией «A» не имела никаких деловых отношений с компанией «C Electronics», а представленные сертификаты оказались подделанными копиями просроченных документов.
Компания «B», доверяя эти утверждения компании «A», заключила с компанией «A» договор поставки в суммах 100 миллионов вон. В ходе исполнения договора компания «B» обнаружила, что качество товаров значительно отличается от заявленного компанией «A», и после проверки фактов выяснилось, что компания «A» намеренно ввела компанию «B» в заблуждение. В данном случае можно ли расторгнуть договор и потребовать возврат оплаченных 100 миллионов вон?

Положение п. 1 ст. 110 гражданского кодекса Республики Корея гласит: «волеизъявление, совершенное под влиянием обмана или насилия, может быть отменено».
Условия применения данной нормы таковы:
1) должен иметь место умышленный обман, направленный на введение другого лица в заблуждение (действие, формирующее или

укрепляющее ошибочное представление);
2) в силу обмана другое лицо должно впасть в заблуждение;
3) под влиянием этого заблуждения контрагент должен совершить волеизъявление на заключение договора;
4) должна существовать причинно-следственная связь между обманом и заблуждением, а также между заблуждением и волеизъявлением (двойная причинно-следственная связь).

В данном случае компания «A» ввела в заблуждение (обманула) компанию «B», представив несуществующие договорные отношения с компанией «C Electronics», а также истекшие или поддельные сертификаты. В силу этого компания «B» впала в заблуждение и решила заключить договор на поставку товаров. Это представляет собой очевидное волеизъявление, совершённое под влиянием обмана.

В случае осуществления права на отмену, отмененная сделка считается недействительной с самого начала (т.е. ничтожной). Итак, договор на поставку товаров, заключенный между компаниями «A» и «B», считается не заключенным с самого начала, и если предоплата уже была произведена или товары поставлены, у сторон возникает реституционная обязанность по приведению в первоначальное положение (статья 741 гражданского кодекса — возврат неосновательного обогащения).

Если контрагент не возвращает предоплату в размере 100 миллионов вон, следует предъявить иск о возврате неосновательного обогащения.

Вопрос 2.

Гражданское право — Несправедливая сделка

Гражданин «A», 80-летний неграмотный пожилой человек, не получивший базовое образование, владеет недвижимостью стоимостью около 100 миллионов вон. Гражданин «B», зная об этом, заключил с ним договор купли-продажи с целью приобрести данный земельный участок по значительно заниженной цене (10 миллионов вон), воспользовавшись гражданином «A». Может ли гражданин «A» отменить договор купли-продажи недвижимости?

Согласно статье 104 гражданского кодекса Республики Корея «Несправедливая сделка», сделка, совершенная вследствие стеснённого положения, легкомыслия или неопытности одной из сторон и повлекшая за собой существенное нарушение справедливости, является ничтожной.

Для применения статьи 104 необходимо наличие следующих трёх условий:

1. Очевидное несоответствие между исполнением и встречным удовлетворением;
2. Состояние стеснённости, легкомыслия или неопытности лица;
3. Умышленное стремление к наживе со стороны лица, извлекающего наживу.

В данном случае гражданин «В», зная, что гражданин «А» — неграмотный 80-летний пожилой человек, заключил с ним договор купли-продажи недвижимости по существенно заниженной цене. Это позволяет признать, что гражданин «В» воспользовался состоянием стеснённости «А».

Бремя доказывания наличия всех вышеуказанных условий лежит на гражданина «А», который заявляет о ничтожности сделки.

В данной ситуации договор купли-продажи недвижимости признаётся ничтожным как несправедливая сделка. Даже если гражданин «А» передал недвижимость гражданину «В» на основании договора купли-продажи, указанная недвижимость считается неосновательным обогащением, и гражданин «А» вправе требовать ее возврата.

본 사례는 『러시아어 사법통역과 생활법률』(뿌쉬낀하우스, 2018)을 참고함

Вопрос 3.

Составление долговой расписки

В Пусане Эдсон управляет рестораном. Недавно его ресторан стал известен как популярное заведение через социальные сети, и его бизнес стал очень успешным. В результате, за короткий период времени Эдсон успел накопить значительную сумму наличных средств, и слухи об этом также дошли до его знакомых. С какого-то дня Эдсон стал получить сообщение с просьбой

одолжить деньги от своих знакомых, живущих в Корее. Среди них были и те, кто помогал Эдсону адаптироваться в Корее. Эдсон оказался в раздумьях. Эдсон решил одолжить деньги только тем знакомым, которым он доверяет. Чтобы обезопасить себя, Эдсон хочет составить долговую расписку. Достаточно ли в долговой справке указывать только имя, сумму и срок погашения долга?

(1) Долговая расписка, выданная должником после одолжения денежных средств, играет важную роль в качестве важного доказательства в гражданском и уголовном судопроизводстве, если должник не выполнит обязательство по погашению долга в установленный срок. Поэтому долговую расписку необходимо составить тщательно и внимательно.

(2) В долговой расписке необходимо точно указать данные обеих сторон — кредитора, должника и др. Следует указать полное имя, регистрационный номер резидента, адрес проживания и номер телефона каждой из сторон и можно прикладывать копию удостоверения личности. Также необходимо подробно указать сумму займа, проценты, срок погашения долга и иные условия. Обязательно указывается дата составления долговой расписки. Для подтверждения подлинности документа должник должен собственноручно подписать расписку или проставить печать, а также приложить к ней справку о подлинности подписи или свидетельство о регистрации печати.

(3) Если сумма займа велика или тяжело составить долговую расписку из-за недостаточного знания юридических терминов, то вы можете составить долговую расписку, обращаясь за помощью к специалистам, в том числе адвокатов и др.

사용된 단어

한국어	러시아어
기망	введение в заблуждение обман
착오	заблуждение
계약금	предоплата аванс
취소권	право отмены оспоримой сделки
원상회복	реституция восстановление в прежнее состояние
부당이득	неосновательное обогащение
무효	недействительность ничтожность
급부	исполнение удовлетворение по обязательству
폭리	нажива нечестная прибыль
증명책임	бремя доказывания обязанность доказывания

자주 사용되는 표현

이 표현들은 일상에서 자주 사용됩니다.

1. 허위사실을 적시하다 **указать ложные сведения**

예문 1: Новый сотрудник указал ложные сведения в резюме, что окончил МГУ.

신입 직원은 이력서에 모스크바 국립대학교를 졸업했다는 허위사실을 적시했다.

예문 2: Компания указала в официальных документах ложные сведения о наличии сертификатов.

회사는 인증서가 있다는 허위사실을 공식 문서에서 적시했다.

2. 기망에 의해 под влиянием обмана

예문 1: Пожилая женщина подписала договор дарения квартиры под влиянием обмана со стороны внука.

노년의 여성은 손자의 기망에 의해 아파트 증여 계약서에 서명했다.

예문 2: Мужчина купил «чудо-препарат» под влиянием обмана в рекламе.

남성은 광고에 따른 기망에 의해 '기적의 약'을 구매했다.

3. 돈을 빌리다 одолжить деньги

예문 1: Мне пришлось одолжить деньги у друга, чтобы заплатить за обучение.

나는 학비를 내기 위해 친구에게 돈을 빌려야 했다.

예문 2: Он часто одалживает деньги, но возвращает их с опозданием.

그는 자주 돈을 빌리지만, 그것을 늦게 갚는다.

4. 부당이득을 반환하다 возвратить неосновательное обогащение

예문 1: Клиент по ошибке перевёл деньги дважды, и банк обязан был возвратить неосновательное обогащение.

고객이 실수로 두 번 송금하자 은행은 부당이득을 반환해야 했다.

예문 2: Ответчик обязан возвратить неосновательное обогащение в размере 100 миллионов вон.

피고는 1억 원의 부당이득을 반환해야 한다.

5. A의 처지를 이용하다 воспользоваться положением кого/чего

예문 1: Он попытался воспользоваться положением одинокой соседки, чтобы купить её дом дёшево.

그는 혼자 사는 이웃 여성의 처지를 이용해 그녀의 집을 싸게 사려 했다.

예문 2: Аферист воспользовался положением студента-иностранца, предложив незаконную схему.

사기꾼은 외국인 유학생의 처지를 이용해 불법적인 계획을 제안했다.

연습문제

다음 문장들을 러시아어로 작문하시오.

1. 저는 부모님께 돈을 빌려서 새 휴대전화를 샀습니다.

2. 계약이 무효로 판단되면, 받은 급부는 모두 부당이득으로 반환되어야 합니다.

3. 피해자는 자신이 기망에 빠져 계약을 체결했다며, 취소권을 행사하겠다고 말했습니다.

4. 올레그는 상대방이 부당이득을 반환하지 않으면 소송하겠다고 했습니다.

5. 피고는 피해자의 처지를 이용해 폭리를 취했습니다.

Tip 생활법률 지식

1. 부당이득반환청구권이란?

민법에서 정하는 부당이득반환청구권은 ① 법률상 원인 없이 ② 타인의 재산 또는 노무로 인해 ③ 이익을 얻고, ④ 이로 인해(인과관계) ⑤ 타인에 손해를 가한 경우에 발생하는 권리입니다. 따라서 **이익과 손해의 발생** 및 둘 사이의 **인과관계**와 더불어 **법률상 원인의 결여**가 인정된다면 부당이득이 되어, 손해를 입은 자는 이익을 얻은 자에게 그 이익을 반환받을 권리를 갖습니다. 부당이득이 발생하는 유형은 매우 다양하지만, 가장 전형적인 부당이득반환의 사례는 계약이 무효나 취소 등으로 효력을 잃을 때 계약 당사자 사이에 발생하는 반환의무입니다.

2. 법률행위의 취소란?

계약 등의 법률행위는 법에 정해진 바에 따라 그 행위가 ① 제한능력자의 행위 ② 착오에 의한 행위 ③ 사기나 강박에 의한 행위인 경우에는 취소할 수 있습니다. 각각의 경우에 취소권을 가진 사람이 이를 행사해 법률행위를 취소하게 되면, 그 행위는 **성립 당시로 소급해 효력을 잃으며** 당사자 사이에서 법률행위에 따라 이루어진 급부 역시 부당이득이 되므로 반환해야 합니다. 한편 취소할 수 있는 법률행위도 취소되기 전까지는 효력이 있고, 취소권자가 해당 법률행위의 효력을 인정하거나, 취소권을 포기하거나, 행사기간이 지나는 등의 이유로 취소권이 소멸하면 그때부터 법률행위의 효력은 확정적으로 유효하게 됩니다.

질문 1의 사례의 경우, 문제가 되는 계약이 사기에 의한 의사표시에 기해 이루어진 것이라면 그 계약은 그러한 의사표시를 한 자가 취소할 수 있는 법률행위가 됩니다. 따라서 사기에 따른 착오로 계약을 체결한 당사자는 취소권을 행사함으로써 계약이 효력을 잃게 할 수 있으며, 그 결과 당사자가 이미 지불했던 계약금 등을 부당이득으로서 반환받을 수 있습니다.

3. 법률행위의 무효란?

좁은 의미에서 법률행위의 무효는 계약 등이 **성립 당시부터 확정적으로 효력이 없는 경우**를 말하며, 그 점에서 취소권의 행사 여부에 따라 효력 여부가 달라지는 법률행위의 취소와 구분됩니다. 민법에선 법률행위가 무효가 되는 경우로 ① 반사회질서 행위 ② 불공정행위 ③ 진의가 아닌 의사표시에 따른 것임을 상대가 알거나 알 수 있었던 행위 ④ 상대와 통정한 허위의사표시에 따른 행위 등을 규정하고 있습니다. 무효인 법률행위는 그 내용에 따른 효과를 발생시킬 수 없으며, 이미 이행된 급부는 부당이득이 되어 반환해야 하고, 이와 같은 법률행위의 무효는 예외적으로 제3자가 보호되는 경우가 아니라면 당사자뿐 아니라 당사자 외 제3자에게도 주장할 수 있습니다.

질문 2의 사례의 경우, 매매계약이 불공정행위에 해당해 무효인 법률행위라면 계약은 성립 당시부터 효력이 없는 것으로서, 불공정한 법률행위로 손해를 입은 계약 당사자는 계약의 무효를 주장하여 계약상 채무를 이행하지 않을 수 있을 뿐만 아니라 이미 이행한 급부가 있다면 반환받을 수 있습니다. 또한 불공정행위로 인한 무효의 경우에는 제3자가 보호되지 않기에, 폭리자가 매매계약에 따라 이전받은 목적물을 타인에게 양도했어도 계약의 무효를 이유로 제3자에게서 반환을 청구할 수 있습니다.

4. 소송에서 문서가 증거로 인정받으려면?

민사소송의 경우 특정한 문서에 기재된 내용이 법원에 의해 증거로 인정받기 위해서는 먼저 **그 문서의 내용이 작성자의 의사에 기해 표시된 것**이라는 점이 밝혀져야 하고, 이를 문서의 **진정성립**이라고 합니다. 민사소송법에서 공문서는 작성방식 및 취지에 따라 공무원이 직무상 작성한 것으로 인정되면 진정성립이 추정되지만, 사문서는 진정성립이 증명되어야 증거로 사용할 수 있습니다. 이때 문서에 작성자의 것과 같은 **서명이나 날인(인감 등)** 또는 **무인(지장)**이 있다면 그 서명/날인/무인 등은 작성자 본인의 것임이 추정되고, 나아가 이를 통해 문서 내용 전체가 작성자의 의사에 기해 진정성립한 것이라는 점까지 추정되므로 그 결과 사문서의 내용 전체를 증거로 사용할 수 있게 됩니다.

질문 3의 사례의 경우, 차용증에 금전을 빌려준 점에 관하여 계약 당사자, 빌려준 금액과 이자, 변제기 등과 함께 계약이 성립한 날짜까지 기재함으로써 이는 계약을 체결한 사실이 내용으로 표시된 문서가 됩니다. 만약 이러한 문서를 법적 문제가 발생했을 때 활용하고자 한다면, 계약의 내용에 관한 점을 꼼꼼히 작성한 차용증에 당사자의 인감날인 또는 서명을 받아 각자 보관함으로써 향후 민사소송 등에서 계약 성립에 대한 확실한 증거로 사용할 수 있습니다.

MEMO

III

Уголовное право
형사

01 자동차 올바르게 사용하기

사례 살펴보기

Вопрос 1.

Иван купил подержанный автомобиль у Сергея. Обязательно ли переоформить автомобиль на свое имя?

Если Иван не проводит переоформление автомобиля на свое имя, могут возникнуть следующие проблемы: 1) В случае, если Иван нарушит скоростной режим и ему будет выписан административный штраф, оплачивать его придется Сергею, хотя он больше не является собственником автомобиля, что создаст абсурдную ситуацию. Помимо этого, 2) если Иван совершит преступление с использованием автомобиля, например, устроит ДТП и скроется с места происшествия, то Сергей, как зарегистрированный собственник автомобиля, может быть объявлен в розыск и подвергнут аресту. И наоборот, 3) если до продажи автомобиля в пользу Ивана были совершены правонарушения Сергеем, такие как нарушение сигналов светофора или неправильная парковка, что повлекло за собой административные штрафы, а также задолженность по взносам медицинского страхования и другим обязательствам, то автомобиль может быть арестован за эти долги, что создаст проблемы для Ивана, фактического владельца автомобиля.

По этим причинам, при покупке подержанного автомобиля необходимо посетить ближайший отдел регистрации транспортных средств или офис автомобильных регистрационных услуг для подачи заявления на переоформление автомобиля на свое имя. Если покупатель и продавец подают заявление лично, покупателю необходимо предоставить удостоверение личности и страховой полис, а продавцу — удостоверение личности и свидетельство о регистрации автомобиля. Таким образом обе стороны должны подавать заявление на регистрацию смены собственника с предоставлением свидетельства о передаче автомобиля.

Вопрос 2.

Обязательно ли оформить комплексное автомобильное страхование?

Автомобильное страхование делится на обязательное страхование и комплексное страхование. Обязательное страхование покрывает ущерб, причиненный здоровью чужого лица в случае аварии, приводящей к его травме или смерти. В случае отсутствия оформленного обязательного страхования, на Вас может быть наложен административный штраф в соответствии с законом о возмещении убытков в автомобильных авариях. Это минимальное страхование, которое обязательно для всех автовладельцев. Поскольку страховые взносы по обязательному страхованию подешевле, некоторые водители ограничиваются только этим видом страхования. Однако у обязательного страхования есть серьезный недостаток: в случае ДТП, повлекшего за собой травмы или гибель человека, водитель не может избежать уголовной ответственности. Это связано с тем, что страховые выплаты по обязательному страхованию производятся дифференцированно в зависимости от степени повреждения тела (травмы) и предельный размер (лимит) компенсации невысок, и если ущерб превышает установленный лимит, придется примириться с пострадавшей стороной о дополнительной компенсации. Если мировое соглашение с пострадавшей не будет достигнуто, водитель может быть привлечен к уголовной ответственности.
С другой стороны, комплексное страхование не является обязательным. Однако, в отличие от обязательного страхования, комплексное страхование покрывает неограниченные суммы ущерба в случае аварий с пострадавшим. Это означает, что в случае ДТП, комплексное страхование покроет все медицинские расходы и другие компенсации пострадавшей стороне. В частности, если в результате ДТП произошло причинение ущерба жизни и здоровью гражданина, но данное ДТП не попадает под 12 грубых нарушений, а также не привело к инвалидности (серьезным травмам) или смерти, то ущерб потерпевшей стороне может быть возмещен по полису комплексного страхования. И такое действие квалифицируется достигшим мировое соглашение с пострадавшей стороной, в результате чего не допускается предъявление обвинения со стороны прокуратуры. Согласно закону об особых случаях

урегулирования ДТП, чтобы избежать уголовной ответственности, необходимо оформить комплексное автомобильное страхование, в не обязательное страхование.

Поэтому рекомендуется оформить комплексное автомобильное страхование.

Вопрос 3.

Гулия готовится к учебе в университете в Корее и занята подготовкой различных аспектов, необходимых для жизни за границей. Она любит водить машину и часто делала это в своей стране, поэтому хочет купить подержанный автомобиль в Корее для личного пользования. Но сможет ли она водить машину в Корее с водительским удостоверением, полученным в своей стране?

(1) Если иностранные студенты въезжают в Корею с международным водительским удостоверением (International Driving Permit), выданным в соответствии с Женевской конвенцией о дорожном движении 1949 г., Венской конвенцией о дорожном движении 1968 г. и др., или с национальным водительским удостоверением, признанным на основе межправительственных соглашений с Республикой Корея, то они могут управлять транспортным средством и в Корее на основании этих документов в течение одного года.

(2) Однако важно отметить, что вид транспортного средства, которым можно управлять, ограничен теми категориями, которые указаны в водительском удостоверении. Если студент водит автомобиль без водительского удостоверения, выданного в Корее, без международного водительского удостоверения или без признанного в Корее иностранного водительского удостоверения, это считается вождением без водительских прав и карается по закону о дорожном движении. Нарушителю может грозить наказание в виде лишения свободы на срок до одного года или штраф в размере до 3 миллионов вон, поэтому следует проявить осторожность.

사용된 단어

한국어	러시아어
중고차	подержанный автомобиль
차량등록증	свидетельство о регистрации автомобиля
보험가입증서	страховой полис
책임보험	обязательное страхование
종합보험	комплексное страхование
형사책임	уголовная ответственность
형사책임의 회피	избежание уголовной ответственности
피해자	потерпевший пострадавший
피해자와 합의	мировое соглашение с потерпевшим примирение с пострадавшим
상해	повреждение тела; травма
교통사고	дорожно-транспортное происшествие (ДТП)
입건	возбуждение уголовного дела
공소제기, 기소	предъявление обвинения со стороны прокуратуры
운전면허증	водительское удостоверение
도로교통법	закон о дорожном движении
12대 중과실	12 грубых нарушений

자주 사용되는 표현

이 표현들은 일상에서 자주 사용됩니다.

1. 자동차를 자신의 명의로 이전하다 переоформить автомобиль на свое имя

예문 1: После покупки подержанного автомобиля я узнал, что нужно переоформить автомобиль на свое имя.

나는 중고차를 산 뒤 자동차를 본인(자신)의 명의로 이전해야 한다는 사실을 알게 되었다.

예문 2: Я слышал, что если не переоформить автомобиль на свое имя, предыдущему собственнику может быть наложен административный штраф.

자동차를 자신의 명의로 이전하지 않으면 이전 소유주가 대신 과태료를 낼 수도 있다고 들었다.

2. 책임보험에 가입하다 оформить обязательное страхование (полис обязательного страхования)

예문 1: Анна проигнорировала рекламный звонок с предложением оформить обязательное страхование.

안나는 책임보험에 가입하라는 광고 전화를 무시했다.

예문 2: Некоторые водители оформляют лишь обязательное страхование и не рассматривают расширения лимита страхового покрытия.

어떤 운전자들은 책임보험에만 가입하고 보장범위를 확대하는 것은 고려하지 않는다.

3. 무면허로 운전하다 водить автомобиль без водительского удостоверения (водительских прав)

예문 1: Он не продлил срок действия водительского удостоверения, вел автомобиль без водительских прав и был подловлен полицией.

그는 면허를 갱신하지 않고 무면허로 운전하다가 경찰에게 적발되었다.

예문 2: Вождение автомобиля без водительских прав влечет наказание в соответствии с законом о дорожном движении.

무면허로 운전하면 도로교통법에 따라 처벌을 받는다.

4. 교통사고를 내다 устроить (провоцировать) ДТП

예문 1: Он устроил ДТП, когда не заметил красный свет светофора.

그는 신호등의 빨간불을 못 보고 교통사고를 냈다.

예문 2: Если человек управляет автомобилем в нетрезвом виде, вероятность устроить ДТП значительно повышается.

음주 운전을 하면 교통사고를 낼 확률이 크게 높아진다.

연습문제

다음 문장들을 러시아어로 작문하시오.

1. 빅토르는 중고차를 산 뒤 명의변경을 하지 않아서 문제가 생겼습니다.

2. 책임보험에만 가입했다가 교통사고를 내면 형사책임을 피하기가 어렵습니다.

3. 자동차 등록을 신청할 때 차량등록증과 신분증을 꼭 제출해야 합니다.

4. 이리나는 본국에서 발급받은 국제운전면허증으로 한국에서 1년 동안 운전할 수 있습니다.

5. 종합보험에 가입하면, 사망, 불치, 장애 및 12대 중과실이 아닌 이상, 경미한 인명피해 사고가 발생해도 형사책임을 면할 수 있습니다.

Tip 생활법률 지식

1. 자동차등록이란?

자동차등록제도는 자동차의 효율적 관리를 위해, 마치 부동산의 등기제도처럼 관청에 비치된 **등록원부**에 자동차의 형태나 용도, 소유권자 등을 등록하도록 하는 제도입니다. 자동차관리법에 따르면 자동차를 운행하기 위해서는 반드시 등록원부에 해당 자동차를 등록하거나 일시운행/연구 등의 목적을 위한 임시운행허가를 받아야 합니다. 또한 자동차가 매매되는 등 소유권자가 변경된다면 등록원부에 기재된 사항과 실제 소유권관계 사이에 불일치가 일어나게 되는데, 이를 방지하기 위하여 자동차관리법에서는 **자동차 소유권의 변동은 등록을 하지 않으면 효력이 없다**고 규정하고 있습니다. 따라서 자동차를 소유자로부터 구입한 뒤 소유자 명의가 변경된 점을 등록하지 않았다면, 자동차를 구입한 사람이 실제로 이를 운전하며 사용한다 하더라도 그 소유권은 여전히 등록원부상의 소유명의자, 즉 자동차를 판매한 이전 소유자에 있습니다.

질문 1의 사례의 경우, 중고 자동차를 구입한 사람은 매매로 인한 소유자 명의 변경에 관하여 등록을 마치지 않으면 법적으로 자동차에 대한 소유권을 인정받을 수 없습니다. 더구나 자동차를 판매한 사람의 입장에서는 자신이 실질적으로 자동차를 운전하거나 이용하지 않았음에도 불구하고 자동차의 소유자로서 각종 책임을 지게 될 수도 있습니다. 따라서 중고 자동차를 매매했다면 꼭 정해진 기간(매매의 경우 매수일로부터 15일 이내) 안에 자동차관리법에 따라 자동차 소유명의에 대한 이전등록신청을 해야 합니다.

2. 책임보험/종합보험이란?

1) **책임보험**은 자동차 운행으로 인한 사고로 사람이 피해를 입은 경우, 자동차손해배상보장법에 따라 정해진 **일정 금액만큼의 배상책임**을 보험회사가 보장하기로 약

정하는 내용의 보험을 의미합니다. 자동차를 보유한 사람은 해외체류 등을 이유로 자동차를 일정 기간 운행하지 않는 등의 예외에 해당하지 않는 이상 의무적으로 책임보험이나 그와 같은 범위의 책임공제에 가입해야 하며, 가입의무를 이행하지 않으면 과태료 부과의 대상이 됩니다. 나아가 이러한 책임보험 등에 가입되지 않은 차는 도로에서 운행할 수 없고, 이를 위반해 도로에서 미가입차량을 운행하는 경우에는 형사처벌까지 받게 될 수 있습니다.

2) **종합보험**은 교통사고가 일어난 경우, 보험회사가 우선적으로는 합의 여부와 상관없이 피해자에게 교통사고처리특례법에 따라 정해진 통상적인 치료비 전액 및 일정 금액만큼의 치료비 외 손해배상금을 지급하고, 종국적으로는 확정된 교통사고 **손해배상금 전액을 보장**하는 것을 내용으로 하는 보험을 의미합니다. 종합보험은 책임보험과 달리, 교통사고의 가해자로서는 발생한 손해 전체에 대한 배상책임을 보험회사에 의해 보장받는다는 장점이, 피해자로서는 치료비 전액 우선지급을 통해 신속하게 피해를 구제받는다는 장점이 있습니다.

이러한 장점 때문에 교통사고처리특례법에서는 종합보험 가입자에 대하여 교통사고 발생 시 형사처벌에 관한 특례를 인정함으로써 종합보험 가입을 장려하고 있습니다.

3. 교통사고처리특례법상 처벌의 특례란?

자동차의 운전자가 교통사고를 일으켜 사람에게 상해를 입혔다면 원칙적으로는 형법상 업무상과실치상죄 및 중과실치상죄와 같이 5년 이하 금고 또는 2천만 원 이하 벌금의 형사처벌을 받습니다. 그러나 현실적으로 빈번하게 일어나는 교통사고에 대해 과다한 공소제기 및 처벌이 이루어지는 것을 방지할 목적으로, 교통사고처리특례법에서는 교통사고에 따른 처벌에 대해 특례규정을 두고 있습니다.

1) 즉, 교통사고로 사람에게 상해를 입히거나 재물을 손괴하였다면, **피해자가 명시적으로 처벌을 원하지 않거나, 가해 운전자가 종합보험 또는 그와 같은 범위의 공제에 가입된 경우**엔 가해 운전자에 대해 위 죄에 관하여 공소를 제기할 수 없도록 규정하고 있습니다.

2) 다만, 상해사고의 경우 운전자가 ① 교통사고 이후 상해를 입은 피해자에게 구호조치를 하지 않고 도주하였거나 ② 사고 후 음주측정요구에 불응 혹은 이를 방해하는 행위를 했거나 ③ 도로교통법상 12대 중과실에 해당하는 행위로 사고를 일으켰다면 상기 특례규정에 따라 보호받을 수 없어 형사처벌을 받게 될 수 있습니다.

또한, ④ 중대한 상해로 인하여 피해자의 생명이 위험해지거나 불구/불치/난치 질병이 생긴 경우, ⑤ 보험계약의 무효/해지/면책 등으로 보험금을 지급할 의무가 사라져 피해자가 실질적으로 손해를 보전받을 수 없게 된 경우에는 종합보험등의 가입만으로 특례규정의 적용을 받을 수 없고, 이 경우에는 별도로 피해자와의 합의에 이름으로써 피해자가 명시적으로 처벌을 원하지 않는 의사를 표시해야만 비로소 특례규정에 따라 처벌을 면하게 될 것입니다.

결론적으로, 질문 2의 사례의 경우, 책임보험에만 가입하더라도 자동차를 운행할 수는 있으나, 교통사고 발생 시의 손해배상책임 및 형사처벌과 합의에 대한 부담을 덜고 싶다면 종합보험에 가입하는 것이 운전자의 입장에서 바람직한 선택이 될 수 있을 것입니다.

4. 국제운전면허증/상호인정외국면허증이란?

도로교통법에서는 외국의 권한 있는 기관에서 발급한 것으로서 국제협약, 협정 및 약정으로 인정되는 운전면허증(**국제운전면허증**) 또는 대한민국과 사이에서 서로 상대방 국가가 발급한 운전면허증을 인정하는 내용의 국제협약 등을 체결한 외국 국가의 운전면허증(**상호인정외국면허증**)을 소지했다면 입국 후 1년간 그 면허증에 기재된 종류의 자동차를 운전할 수 있다고 정하고 있습니다.

다만, 상호인정외국면허증과 관련하여, 중요한 것은 외국인이 소지한 면허증을 발급한 국가가 **대한민국과 운전면허에 관한 상호인정협약등을 체결한 국가 또는 상호주의에 입각한 국내면허 인정국가**에 해당하더라도, 적성시험을 거쳐 이를 대한민국의 운전면허증으로 교환받아야 한다는 점입니다. 대한민국 운전면허증으로 교환받지 않고, 외국 면허증으로 바로 자동차를 운행한다면 무면허로 처벌받을 수 있습니다.

02 아르바이트인 줄 알고 가담하게 되는, 보이스피싱과 통장 대여

사례 살펴보기

Вопрос 1.

«Сергей! Это Антон. Я потерял телефон, можешь произвести оплату за меня?» – Сергей получил фишинговое сообщение, в котором кто-то выдал себя за Антона. Сергей подумал, что это надоедливая просьба от Антона, который обычно просил перевести деньги, и раньше, и решил помочь. Сергей перешел по ссылке, которую он получил для оплаты, и даже отправил фотографии регистрационной карты иностранца и кредитной карты. Лишь после этого Сергей заподозрил что-то неладное и позвонил настоящему Антону.

(1) Методы голосового фишинга постоянно совершенствуются. Существует множество видов фишинга, таких как обычный фишинг, смс-фишинг (смишинг) и другие. В данном случае использована схема мессенджер-фишинга, когда мошенники, используя логины и пароли, полученные в результате утечки персональных данных и т. п., обращаются через мессенджеры, представляясь друзьями или родственниками, и требуют предоставление финансовой информации и денег.

(2) Как следует действовать, если вы стали потерпевшим фишинга? В случае задержания преступников они могут быть привлечены к уголовной ответственности по статье о мошенничестве и другим статьям уголовного кодекса, а также возможно требовать компенсацию ущерба путем обращения в суд с иском о возмещении убытков (однако даже в этом случае, поскольку зачастую задерживаются только курьеры фишинговых схем, которые обычно не располагают значительными финансовыми средствами, реальное получение компенсации может быть затруднено). В связи с особенностями цифровых финансовых преступлений, захват организованных преступных групп мошенников представляет собой значительные трудности. Поэтому превентивные

меры и правильные ответные действия имеют решающее значение. Даже если просьба исходит от семьи или близких друзей, никогда не следует передавать личные или персональные данные (номер банковского счета, номер карты, номер регистрационной карты иностранца, сертификат электронной подписи и т.д.) в любом случае. При запросе таких данных необходимо проявить сомнение, произвести дополнительную проверку, связавшись по телефону или лично для подтверждения запроса, и передавать данные только при личной встрече. Эти действия будут служить превентивными мерами.

(3) Как следует действовать, если Вы уже понесли ущерб в связи с мессенджер-фишингом и т. п.? В первую очередь необходимо сообщить о случившемся в полицию и в Службу финансового надзора. Если по подозрительной ссылке было установлено неизвестное программное обеспечение, следует проверить устройство на наличие вирусов с помощью антивирусной программы или программы для защиты от вредоносных программ, а также восстановить его исходное состояние. Затем необходимо обратиться к своему оператору связи с просьбой заблокировать мобильные платежи и связаться с банками и эмитентами карт, чьи финансовые данные были переданы мошенникам, для приостановки операций по картам и блокировки счетов. Если были совершены несанкционированные мелкие платежи или переводы, пострадавший может обратиться в финансовую организацию с заявлением о возмещении ущерба согласно закону о возмещении вреда от телекоммуникационного мошенничества, предоставив подтверждение происшествия, выданное полицией.

Вопрос 2.

Можно ли заняться высокооплачиваемой подработкой?

В последнее время увеличилось количество предложений подработок, таких как переводческая работа, работа в курьерской доставке, взыскание долгов и другие, ориентированные на иностранцев. Многие иностранцы, живущие в чужой стране, стремятся заработать на жизнь или оплатить

обучение и часто попадаются на удочку высокооплачиваемых подработок. Однако нередки случаи, когда, начав работать, считая, что это высокооплачиваемая подработка, они оказываются участниками преступной схемы, связанной с голосовым фишингом.
Особенно часто работодатели нанимают иностранцев в качестве курьеров для передачи незаконных денег, поскольку те не всегда могут заподозрить неладное или переспросить из-за культурного и языкового барьера. Поэтому, даже если Вы ищете работу через объявления, Вам необходимо тщательно уточнить следующие. 1) Проверьте компанию и работодателя (например, выписку из реестра компаний и т.п.). 2) Убедитесь, что процесс найма не вызывает подозрений. 3) Обратите внимание, не выдаются ли Вам инструкции только по телефону. 4) Убедитесь, что оплата за Ваш труд не слишком высока по сравнению с объемом Вашей работы и т.д. Если у Вас возникли подозрения в причастности к преступной деятельности, не продолжайте и прекратите работу.

Вопрос 3.

Можно ли давать кому-то сберегательную книжку (통장)?

(1) Согласно положениям ст. 6 и 49 закона об электронных финансовых операциях, сдача в аренду сберегательной книжки другим лицам или передача права временного пользования именем номинального владельца наказывается лишением свободы на срок до 5 лет или штрафом в размере до 30 миллионов вон.

(2) Особенно опасно то, что собранные таким образом подставные банковские счета часто используются в мошеннических действиях, таких как голосовой фишинг и другие виды преступлений. Если Вы осознано передали свою сберегательную книжку, зная, что она будет использована в преступлении, Вас могут привлечь к ответственности как соучастник преступления. Поэтому Вам следует проявить особую осторожность.

(3) Поэтому, чтобы не нарушить закон об электронных финансовых операциях и не стать участником мошенничества, не следует ни при каких

обстоятельствах предоставлять третьим лицам свою сберегательную книжку, пароль, OTP или другие средства доступа, даже если Вам за это предлагают вознаграждение или просят сделать безвозмездно.

사용된 단어

한국어	러시아어
보이스피싱	голосовой фишинг
금융사기	финансовое мошенничество
개인정보 유출	утечка персональных данных
손해, 피해	ущерб вред убытки
가해	причинение ущерба (вреда, убытков)
피해보상	компенсация ущерба (вреда, убытков) возмещение ущерба (вреда, убытков)
손해배상 청구	требование о возмещении убытков
통신사기피해환급법	закон о возмещении вреда от телекоммуникационного мошенничества
계좌 지급정지, 거래차단	блокировка счета заморозка вклада
대포통장	подставная (фальшивая) сберегательная книжка
차명계좌 개설	открытие счета на имя чужого лица
공범	соучастник преступления
조직적 범죄집단	организованная преступная группа

자주 사용되는 표현

이 표현들은 일상에서 자주 사용됩니다.

1. 피해자가 되다 стать потерпевшим (жертвой)

예문 1: Он стал потерпевшим при мошенничестве, когда перевел деньги на неизвестный счет.

그는 미확인 계좌로 돈을 보냈다가 사기의 피해자가 되었다.

예문 2: Многие люди становятся потерпевшими мошенничества, когда передают свои данные без проверки личности.

많은 사람들이 신원 확인도 없이 개인정보를 넘기다가 사기의 피해자가 된다.

2. 사칭하다 выдать себя за кого-то

예문 1: Мошенники выдали себя за сотрудников банка и узнали пароли клиентов.

사기꾼들은 은행 직원을 사칭하여 고객들의 비밀번호를 알아냈다.

예문 2: Если кто-то пытается выдать себя за вашего знакомого, необходимо обязательно позвонить ему лично и уточните.

누군가가 당신의 지인을 사칭한다면 반드시 직접 전화해 확인해 봐야 한다.

3. 속아 넘어가다, 속임수에 걸려들다 попасться на удочку (в ловушку)

예문 1: Он попался на удочку обещаний быстрого заработка и потерял все сбережения.

빠른 수익을 얻을 수 있다는 약속에 속아 저축한 모든 돈을 잃었다.

예문 2: Люди часто попадаются на удочку фальшивых реклам, предлагающих слишком высокую зарплату.

사람들은 종종 지나치게 높은 급여를 제시하는 거짓 광고에 속아 넘어간다.

4. 범죄에 연루되다 оказаться участником преступной схемы

예문 1: Он не подозревал, что может оказаться участником преступной схемы, работая курьером.

그는 배달원으로 일하면서 범죄에 연루될 수도 있다고 의심하지 않았다.

예문 2: Если есть риск оказаться участником преступной схемы, лучше сразу прекратить любую деятельность и обратиться в полицию.

범죄에 연루될 위험이 있다면, 즉시 모든 활동을 중단하고 경찰에 신고하는 것이 좋다.

5. 등기부를 확인하다 проверить выписку из реестра

예문 1: Прежде чем подписать трудовой договор обязательно следует проверить выписку из реестра компании.

근로계약에 서명하기 전에는 반드시 회사 등기부등본을 확인해야 한다.

예문 2: Многие иностранцы не знают, что можно проверить выписку из реестра работодателя перед началом работы.

많은 외국인들은 근로를 시작하기 전에 고용주의 등기부등본을 확인할 수 있다는 사실을 잘 모른다.

연습문제

다음 문장들을 러시아어로 작문하시오.

1. 누군가가 부모님을 사칭하면서 금전을 요구하는데, 이게 보이스피싱인지 궁금합니다.

2. 개인정보 유출 염려 때문에 계좌 지급정지를 신청하고 싶습니다.

3. 만약 속임수에 걸려들어 대포통장을 만들어 줬다면, 그게 금융사기에 연루되는 건가요?

4. 통신사기피해환급법에 따라 손해배상 청구를 하려면 어떤 서류를 먼저 준비해야 하나요?

5. 취업하고자 하는 회사가 범죄에 연루된 곳이 아닌지 확인하려면, 등기부를 확인해 봐야 합니다.

Tip 생활법률 지식

1. 전기통신금융사기(보이스피싱)란?

전기통신금융사기 피해 방지 및 피해금 환급에 관한 특별법(일명 '통신사기피해환급법')에서 정의하는 전기통신금융사기(일명 '보이스피싱')는 전기통신을 이용해 타인을 기망·공갈하여 자금을 송금/이체/출금/교부하도록 함으로써 그 자금이나 재산상 이익을 취하는 행위를 말합니다.

보이스피싱(Voice Phishing)이라는 용어는 개인정보(Private Data)를 이용한 사기범죄 행위를 낚시(Fishing)에 비유해서 만들어진 신조어 피싱(Phishing)에서 착안해, 전화 등 음성 통신매체를 활용하여 이루어지는 유형의 사기범죄를 일컫는 표현입니다. 전기통신기술이 발전하면서 이를 이용한 수법도 다양해져, 문자메시지(SMS)에 포함된 인터넷 주소(URL)를 통해 개인정보를 취득하거나 소액결제를 유도하는 스미싱(Smishing), 지인을 사칭한 메신저나 채팅앱을 통해 만남을 가장하는 피싱 등 통신매체를 이용한 사기는 더욱 정교한 방식으로 이루어지고 있습니다.

2. 보이스피싱 피해 시 대처 요령은?

보이스피싱을 비롯한 개인정보 유출 및 사기범죄행위에 대한 대비책으로는 무엇보다도 보안카드나 계좌 비밀번호 등 중요한 금융정보를 다른 사람에게 알려주지 않는 것과, 피해를 확인했다면 신속한 112 신고로 이를 최소화하기 위해 노력하는 것이 가장 중요합니다.

보이스피싱 범죄를 당해 이미 돈을 송금/이체했어도, 통신사기피해환급법에 따른 지급정지 및 피해구제신청제도를 활용하면 복잡하고 오랜 시간이 걸리는 민사소송을 거치지 않고도 송금한 피해금의 전부 또는 일부를 돌려받을 수 있습니다. 지급정지는 금융기관이 사기 피해금을 송금받은 계좌의 인출 및 이체를 차단하는 조치로서, 금융기관에 직접 신청할 수도 있으나 112 신고와 함께 수사기관을 통하여 최대한 신속하게 지급정지조치를 요청하는 것이 향후 온전한 피해 회복에 유리합니다. 이후 경찰서에서 피싱 피해 관련 진술 등을 거쳐 피해신고확인서를 발급받은 뒤 금융기관을 방문해 사기 피해금에 대한 피해구제를 신청함으로써 지급정지계좌에 남은 피해금을 반환받을 수 있습니다.

질문 1의 사례의 경우, 해킹 등을 통해 접근권한을 얻은 메신저로 그 지인을 기망하여 재산상 이익을 취하려는 점에서 전형적인 메신저 피싱 사례에 해당합니다. 따라서 지인이 통신상으로 금융정보나 결제 등을 요구한다면 반드시 전화 등 다른 수단을 통해 내용의 진위를 확인하고, 피싱이 의심된다면 신속하게 경찰에 이를 신고하고 대처방법을 안내받는 등 피해를 최소화할 수 있도록 해야 합니다.

3. 보이스피싱 범죄 연루 시 처벌은?

보이스피싱 범죄에 가담하는 경우 일반적으로는 형법상 사기 및 공갈죄, 범죄단체조직죄, 이외에도 사안에 따라 특정경제범죄가중처벌법 및 전자금융거래법, 통신사기피해환급법, 전기통신사업법 등에 따라 형사처벌이 이루어질 수 있습니다.

보이스피싱 조직은 크게 범죄과정을 전반적으로 기획하는 총책/피해자를 직접 기망하는 역할의 콜센터/피해금을 취급하는 인출 및 송금책으로 나뉘고, 그 외에 피해금원을 특정 장소로 배달하거나 대포통장 및 카드 등을 전달하는 배달원(전달책)의 경우에도 보이스피싱 범죄의 가담자가 될 수 있습니다.

특히 보이스피싱 범죄조직의 일부로서 매뉴얼에 따라 피해자와 상담을 통해 송금을 유도한 단순 상담원의 역할을 한 경우, 송금받은 돈을 인출하는 데 관여하거나 배달한 경우에는, 범행과정 전체에 가담하거나 모의하지 않았더라도 사기죄의 실현을 용이하게 한 공범이 되어 처벌받을 확률이 높습니다. 설령 '단순 아르바이트'인 줄 알았더라도, 단순 노무에 대한 고액 아르바이트라는 점은 범죄의 가담 가능성을 인식할 수 있었음에도 이를 수상히 여기지 않고 반복적으로 가담했다는 점에서 처벌될 수 있음을 기억하세요.

질문 2의 사례의 경우, 고수익을 보장하는 구인구직광고를 명목으로 사람들을 유인하여 개인 명의의 통장 개설 및 양도 혹은 중요 금융정보를 요구하거나, 특정 계좌에서 현금을 인출해 전달하거나 이체하라고 하는 업체는 보이스피싱 범죄에 연루되어 있을 가능성이 매우 높습니다.

4. 대포통장이란?

대포통장은 범죄에 사용하기 위해 주로 자금세탁, 추적회피 등을 목적으로 하여 타인 명의로 개설하는 통장을 말합니다. 보이스피싱 범죄에서 대포통장을 사용하여 사기 피해금을 송금받거나 이를 여러 번에 걸쳐 전달한다면, 경찰의 수사나 이후 소송을 통한 피해금 반환 과정이 더욱 복잡해지고 상당한 시간이 소요됩니다. 따라서 앞서 이야기한 것과 같이 보이스피싱 범죄 조직은 대출 등을 미끼로 삼거나 고수익 아르바이트 등을 내세워 현혹한 타인 명의의 통장을 양도받아 이를 범죄 수단인 대포통장으로 활용합니다.

보이스피싱 범죄에서 대포통장으로 활용될 것을 알고도 통장을 제공한다면 사기죄의 공범이 될 수 있을뿐더러, 그 점을 몰랐더라도 본인 명의 통장을 양도한 사람은 전자금융거래법 위반으로 형사처벌의 대상이 되기 때문에 자신의 통장은 절대 타인과 거래하거나 양도하지 않도록 주의해야 합니다.

질문 3의 사례의 경우, ① 자신의 통장이 대포통장으로서 범죄에 이용될 것을 알거나 ② 통장을 타인에게 양도 및 유상으로 대여한 것이 아니라, 범죄에 이용될 것을 모른 채 단순히 대가 없이 일시적으로 사용하게 한 것인 경우에는, 사기죄 및 전자금융거래법 위반으로 인한 처벌을 면할 가능성은 있습니다. 그러나 형사처벌을 받지 않더라도 앞서 본 바와 같이 지급정지조치나 수사기관의 수사대상이 되는 등의 불이익을 겪거나, 혹은 범죄 피해자가 피해금을 돌려받기 위해 제기하는 민사소송으로 인해 곤란한 상황에 놓이게 될 확률이 높기 때문에 가급적 어떤 형태로든지 타인에게 본인의 통장을 절대로 제공하지 않는 것이 바람직합니다.

03 남에 대한 험담이 범죄라니! 명예훼손과 모욕죄

사례 살펴보기

Вопрос 1.

Иван, который завидует и ревнует меня, в групповом чате из четырех человек написал, что «Сергей - бабник, который пытается встречаться со всеми кореянками». Могу ли я привлечь его к ответственности по закону?

Согласно уголовному кодексу и закону о сетях и информационных коммуникациях, если лицо с целью клеветы публично распространяет правдивую или ложную информацию через сеть, в результате чего наносится ущерб репутации чужого лица, то это может быть квалифицировано как кибер-клевета. Само указание имени конкретного человека приводит к установлению его личности. Даже если это было сделано в групповом чате в KakaoTalk или в ином мессенджере, где находятся всего несколько человек, существует возможность дальнейшего распространения такой информации, что может быть признан элементом публичности. Таким образом, даже если это произошло в групповом чате на четверых в KakaoTalk, если один из участников чата может передать ложную информацию другим людям, это может считаться клеветой в отношении конкретного лица. Поэтому юридически возможно привлечь его к ответственности за клевету. Однако, чтобы доказать два указанных выше условия, Вам нужно будет предоставить в качестве доказательства соответствующую запись переписки в виде скриншотов.

본 사례는 『러시아어 사법통역과 생활법률』(뿌쉬낀하우스, 2018)을 참고함

Вопрос 2.

Я встретился с девушкой, с которой познакомился через интернет. Однако она

оказалась совсем не такой, как на фотографиях, что сильно меня удивило и даже разозлило. Я винил себя за то, что поверил в эти фотографии, вернувшись домой, выложил ее снимки в соцсетях, написав гневный пост: "Она совсем не такая, как на фото. Это мошенница. Она толстая и страшная." Через несколько часов эта девушка увидела мой пост и заявила в полицию о нарушении ее прав на изображение. Что мне делать?

В данном случае могут наступить как уголовно-правовая, так и гражданско-правовая ответственность. Во-первых, в уголовном праве отсутствует преступление за нарушение прав на изображение. Однако, если в интернете публично размещены факты или ложные сведения, порочащие честь и достоинство человека, это может подпадать под действие статьи о клевете согласно закону о поощрении использования информационных сетей и защите информации. Если Вы указали конкретного человека в соцсетях с высокой степенью распространения информации, разместив фотографию и распространяя ложные сведения с целью его дискредитации, Вам может грозить уголовное наказание в виде лишения свободы до 7 лет или штрафа до 50 миллионов вон. Однако клевета является преступлением «반의사불벌죄[3]», поэтому, если потерпевшая сторона заявит об отказе от привлечения к ответственности, уголовное дело будет прекращаться. В этой связи следует достичь уголовного примирения с потерпевшей стороной.

본 사례는 『러시아어 사법통역과 생활법률』(뿌쉬낀하우스, 2018)을 참고함

Вопрос 3.

Юлия, очарованная корейским K-pop, даже приехала на учебу в Корею. Она не пропускала концерты айдолов K-pop и приобрела бесчисленное множество дорогих сувениров. Кроме того, она брала на себя роль культурного посла,

3 "반의사불벌죄(피해자가 가해자의 처벌을 원하지 않으면 형사처벌할 수 없는 범죄)"에 정확하게 대응하는 러시아어 법률 용어가 없는 까닭에 국문 표현을 그대로 두었다.

рассказывая и продвигая K-pop и корейскую культуру среди своих друзей на родине. Однажды Юлия наткнулась на интернет-статью, в которой говорилось, что один из участников ее любимой группы K-pop подозревается в употреблении метамфетамина и вскоре будет допрошен полицией. Прочитав эту новость, Юлия испытала чувство предательства и разочарования, ведь она вложила в поддержку этого айдола всю свою душу и средства. В порыве эмоций она оставила под статьей комментарий с оскорблениями и ложной информацией, порочащей репутацию айдола. Несколько месяцев спустя Юлии позвонили из полиции и вызвали ее явиться в полиции.

(1) Публичное оскорбление человека может повлечь уголовную ответственность за оскорбление в соответствии с уголовным кодексом Республики Корея. Под оскорблением понимаются слова или действия, выражающие презрение, унижение, насмешку или пренебрежение к другому лицу. Кроме того, если с целью дискредитации другого лица кто-то публично распространяет правдивую информацию или ложные сведения через информационно-коммуникационные сети, тем самым нанося ущерб его репутации, это может быть квалифицировано как клевета в соответствии с законом о поощрении использования информационных сетей, защите информации и др.

(2) Поэтому при размещении сообщений или комментариев в интернете следует воздерживаться от написания оскорбительных слов или содержаний, которые могут нанести ущерб чести и достоинства другого лица. Особенно важно учитывать, что за клевету можно понести наказание не только за распространение ложной информации, но и за разглашение правдивых сведений, поэтому необходимо проявлять особую осторожность.

(3) В идеале подобные вышеуказанные действия вообще не следует совершать. Однако, если расследование по обвинению в оскорблении или клевете и т.п. уже начато, важно искренне извиниться перед потерпевшим и попытаться примириться с ним.

Вопрос 4.

Хуана, приехавшая в Корею на учебу и изучающая корееведение в одном из местных университетов в Корее, старалась наладить хорошие отношения с корейскими студентами. Помимо учебных мероприятий, она активно участвовала в студенческих клубах и различных мероприятиях, стараясь максимально адаптироваться к жизни в Корее. Однажды, во время встречи с однокурсниками, Хуана выпила намного больше, чем могла выдержать, и, находясь в состоянии сильного опьянения, начала ссориться с одним из студентов, грубо оскорбляя его. К счастью, друзья вовремя вмешались, успокоили ее и отвели домой, не допустив серьезных последствий. Однако на следующий день студент, с которым у нее произошел конфликт, опубликовал в онлайн-сообществе факультета пост, в котором критиковал Хуану. В этом сообщении было много преувеличений и искаженных фактов. Хуана не хочет предъявлять против этого студента требования гражданско-правового и уголовно-правого характера. Есть ли у нее другие способы разрешения ситуации?

(1) Комиссия по стандартам связи и вещания Республики Корея урегулирует споры, связанные с распространением в информационно-коммуникационных сетях (интернет и др.) информации, нарушающей права других лиц, включая клевету, вмешательство в частную жизнь и др., в порядке медиации на основании заявления одной из сторон или ее представителя.

(2) Для подачи заявления на медиацию спора о клевете необходимо заполнить заявление и подать его лично, по почте или через официальный сайт Комиссии по стандартам связи и вещания. Однако медиация спора о клевете направлена на достижение мирового соглашения между сторонами и не носит обязательного характера, как гражданские или уголовные судебные разбирательства. Если Вы стали пострадавшей стороной клеветы, но затрудняетесь предъявить требования гражданско-правового и уголовно-правого характера из-за Ваших отношений с другой стороной, рассмотрите возможность использования процедуры медиации спора о клевете в Комиссии по стандартам связи и вещания.

사용된 단어

한국어	러시아어
모욕죄	клевета
명예훼손죄	дискредитация диффамация
명예	честь и достоинство репутация
공연성	публичность общедоступность
허위사실	ложные сведения
명백한 허위사실	заведомо ложные сведения
초상권 침해	нарушение прав на изображение
조정	медиация
공공연히	публично
전파 가능성	возможность дальнейшего распространения
말다툼, 논쟁	ссора
방송통신심의위원회	Комиссия по стандартам связи и вещания
욕설, 비방	оскорбление
사생활 침해	вмешательство в частную жизнь нарушение неприкосновенности частной жизни

자주 사용되는 표현

이 표현들은 일상에서 자주 사용됩니다.

1. 진심으로 사과하다 искренне извиниться

예문 1: После того, как он искренне извинился перед потерпевшим, он смог получить прощение.

그는 피해자에게 진심으로 사과한 후 용서를 받을 수 있었다.

예문 2: Когда вы совершили ошибку, прежде всего важно искренне извиниться.

잘못을 했을 때에는 먼저 진심으로 사과하는 태도가 중요하다.

2. 합의를 이끌어 내다 достичь мирового соглашения

예문 1: Только после взаимных уступок обе стороны смогли достичь мирового соглашения.

양측이 서로 양보하고 나서야 합의를 이끌어 낼 수 있었다.

예문 2: До обращения в суд с иском предпочтительно постараться достичь мирового соглашения, чтобы сэкономить время и затраты.

법원에 소를 제기하기 전에, 시간과 비용을 절약하기 위해 합의를 이끌어 내는 것이 좋다.

3. 명예를 실추시키다 наносить ущерб репутации

예문 1: Необоснованные оскорбления в конечном итоге могут нанести ущерб репутации другого человека.

근거 없는 비방은 결국 타인의 명예를 실추시킬 수 있다.

예문 2: Продолжает расти число случаев, когда люди подают иски, утверждая, что публикации СМИ нанесли ущерб их репутации.

언론보도로 인해 명예를 실추당했다고 주장하는 사람들이 소송을 제기하는 사례가 계속해서 늘고 있다.

4. 초상권을 침해하다 нарушать право на изображение

예문 1: Публичное размещение фотографии без согласия может нарушать право другого человека на изображение.

동의 없이 사진을 공개적으로 게시하는 것은 타인의 초상권을 침해할 수 있다.

예문 2: Иногда люди получают претензии о нарушении права на изображение за то, что бездумно выкладывают в интернет фотографии друзей.

사람들은 인터넷에 친구 얼굴을 함부로 올렸다가 초상권을 침해했다는 항의를 종종 받는다.

연습문제

다음 문장들을 러시아어로 작문하시오.

1. 이 단체 메신저 방에서 허위의 사실을 퍼뜨리면 전파 가능성이 매우 높습니다.

2. 상대방의 명예를 실추시켰다는 이유로, 결국 명예훼손 혐의로 고소당했습니다.

3. 그는 초상권 침해를 당했다고 주장하며, 손해배상을 요구하고 있습니다.

4. 정보통신망을 통해 공연히 사람을 욕설하면, 모욕죄로 처벌을 받을 수 있습니다.

5. 피해자에게 진심으로 사과하고 합의를 이끌어 낸다면, 형사처벌을 피할 수도 있습니다.

Tip 생활법률 지식

1. 명예훼손죄란?

형법 및 정보통신망법상 명예훼손죄는 사회적 평가를 저해할 수 있는 온/오프라인에서의 특정 행위가 '① 공연성 ② 사실의 적시 ③ (특정한) 사람의 명예를 훼손'의 요건을 충족하는 경우 성립하는 범죄입니다.

1) **공연성**이란 불특정인 또는 다수인이 인식할 수 있는 상태를 의미합니다. 명예훼손죄에서 공연성은 명예훼손의 내용이 타인에게 실제 인식되지 않더라도 불특정인 또는 다수인에게 전파될 가능성이 있다면 인정될 수 있습니다.

2) **사실의 적시**에서 '사실'이란 '가치판단' 및 '의견'에 반대되는 '특정한 사실'의 개념으로서, 특정인의 명예를 훼손시킬 수 있을 만큼 구체화된 사실을 뜻합니다. 따라서 그 내용이 숨겨진 사실인지 이미 알려진 사실인지와 관계없이, 또한 허위인지 진실인지와 관계없이 구체적 사실의 적시에 해당한다면 명예훼손죄가 성립할 수 있고, 적시한 사실이 허위인 경우에는 허위사실적시 명예훼손죄로서 가중된 처벌을 받을 수 있습니다.

3) **특정한 사람의 명예를 훼손**했는지 여부에서 '사람'에는 자연인뿐만 아니라 회사 등의 법인이나 사망한 사람 역시 포함됩니다. 명예훼손죄가 성립하려면 그 피해자가 식별될 수 있어야 하는데(피해자 특정성), 성명 등이 직접 언급되지 않더라도 주변 상황을 판단하여 누구를 지목했는지 알 수 있다면 특정성이 인정됩니다.

질문 1의 사례의 경우, 메신저방에서 이야기한 내용이 자신의 명예를 훼손할 수 있는 구체적 사실의 적시에 해당하고, 공연성 및 피해자 특정성까지 충족한다면 피해자로서 정보통신망법상 명예훼손죄로 법적 책임을 물을 수 있습니다.

2. 모욕죄란?

형법상 모욕죄는 '공연히 사람을 모욕'함으로써 성립하는 죄입니다. 모욕죄는 명예훼손죄와 마찬가지로 **공연성** 및 피해자(법인 포함) **특정성**이 충족되어야 성립하지만, 명예훼손죄와 달리 ① 구체적 사실적시가 아닌 추상적 판단이나 경멸의사 표시(모욕)로 성립한다는 점, ② 사망한 사람에 대한 모욕죄는 인정되지 않는 점, ③ 정보통신망을 이용한 경우에도 특별법에 의해 가중처벌되지 않는 점, ④ 반의사불벌죄인 명예훼손죄와 달리 친고죄인 점에서 차이가 있습니다.

질문 3의 사례의 경우, 인터넷 댓글을 통한 거짓 비방의 경우 구체적 사실의 적시가 있었다면 정보통신망법상 명예훼손죄로서 가중처벌될 수 있지만, 댓글을 통한 일반적인 욕설은 형법상 모욕죄에 해당하게 됩니다.

3. 반의사불벌죄와 친고죄

1) **반의사불벌죄**는 피해자가 명시적으로 처벌을 원하지 않는다는 의사를 표시하면 공소를 제기할 수 없는 죄를 말합니다. 따라서 피해자의 고소 없이도 수사기관에 의해 수사가 개시되고 검사가 범죄자에 대해 공소를 제기할 수는 있지만, 피해자는 형사재판의 1심 판결이 선고되기 전까지 처벌을 원하지 않는다는 의사를 표시할 수 있고, 수사단계에서 이러한 의사표시를 하게 되면 공소권이 없음을 이유로 불기소처분이 내려지며, 공판단계에서 의사표시를 하게 되면 공소기각 판결이 선고되어 형사처벌이 이루어지지 않게 됩니다. 대표적인 반의사불벌죄로는 폭행죄 및 협박죄, 과실치상죄, 명예훼손죄 등이 있습니다.

2) **친고죄**는 반의사불벌죄와 달리 피해자가 고소를 해야 공소를 제기할 수 있는 죄를 말합니다. 따라서 ① 피해자가 고소를 하지 않았거나 ② 1심 판결 선고 이전에 고소를 취소한 경우 혹은 ③ 고소기간(범인을 안 날로부터 6개월 이내)을 지나서

고소가 이루어진 경우, 원칙적으로 수사 자체가 불가능한 것은 아니지만 반의사불벌죄와 마찬가지로 불기소처분이 내려지거나 공소기각 판결이 선고되므로 결국 형사처벌은 면하게 됩니다. 대표적인 친고죄로는 모욕죄 및 (사망자의 친족 또는 자손의 고소에 의한) 사자명예훼손죄 등이 있습니다.

4. 초상권이란?

일반적으로 초상권은 사람이 그림이나 사진 등에 나타나는 자신의 모습에 대해 행사할 수 있는 권리를 일컫습니다. 대한민국 법에는 초상권에 관해 직접 명시하는 법률규정은 없으나, 헌법상 권리 중 하나인 인격권에 따라 얼굴 등 특정인임을 식별 가능한 신체적 특성을 상업적으로 이용함에 있어서는 그 사람의 의사나 동의에 의해야 한다는 점이 보장됩니다. 이러한 권리를 침해한다면 민법상 불법행위에 의한 손해배상책임을 지게 될 수 있지만, 다른 죄가 성립하지 않는 이상 단순 초상권 침해는 형법상 범죄는 아니기 때문에 형사처벌은 불가합니다.

질문 2의 사례의 경우, sns상에 올린 글이 초상권 침해 범죄가 되진 않으나 정보통신망법상 명예훼손죄 및 형법상 모욕죄가 성립할 수 있고, 상대방에 대해 민사상 책임의 문제도 있으니 가능한 합의를 통해 원만히 해결해야 할 것입니다.

5. 정보통신망법상 이용자 보호제도

정보통신망법에서는 일반적인 명예훼손보다 심각한 피해를 야기할 수 있는 통신매체 등을 통한 명예훼손 행위에 관해, 위에서 본 것처럼 이를 가중처벌하는 규정을 두는 한편 형사처벌보다 간이하고 효과적인 방식으로 피해자를 보호할 수 있는 수단을 마련하고 있습니다.

1) 먼저, 정보통신망에 공개된 정보로 명예훼손 등의 권리침해를 받은 당사자는

서비스 제공자에게 침해사실을 소명하고 **해당 정보의 삭제나 반박 게재 등을 요청**할 수 있습니다. 피해자의 요청이 있으면 서비스 제공자는 지체 없이 그 정보를 삭제하거나 임시로 접근을 차단하고 그 사실을 공시하는 조치를 해야 하며, 피해자는 그에 대한 처리절차와 결과 등을 통지받을 수 있습니다.

2) 또한, 당사자는 **방송통신심의위원회**에 서면, 온라인 등을 통해 **명예훼손 분쟁조정절차** 신청을 할 수 있습니다. 조정신청을 하게 되면 사실조사를 거쳐 분쟁조정부에서 기각 또는 조정안 의결 결정을 하게 되며, 당사자들에 의해 조정안이 수락되면 이는 민사상 합의에 준하는 효력을 갖게 됩니다.

질문 4의 사례의 경우, 온라인상 게시글로 명예훼손 피해 우려가 있다면 민형사상 청구를 대신해 방송통신심의위원회 명예훼손 분쟁조정신청을 통하여 원만하고 간이한 해결을 할 수 있고, 그에 앞서 신속하게 피해방지 조치를 하고 싶다면 정보통신서비스 제공자에게 권리침해 게시물 또는 정보를 신고함으로써 게시중단 등의 임시조치를 요청할 수도 있습니다.

사례 살펴보기

Вопрос 1.

Наушники Airpods оставлены на сиденье в метро! Аллен, любитель музыки, давно собирался заменить свои старые наушники, заметил, что никто не забирает забытые Airpods. Сначала он ждал, предполагая, что у оставленных Airpods есть владелец, но когда пришло время выходить, никто так и не подошел забрать оставленные Airpods. Аллен взял наушники и вышел на своей станции. Спустя несколько дней владелец Airpods обратился в полицию, и Аллен получил звонок из полицейского участка. Что ему делать?

(1) В случае, если лицо находит и использует потерянную другим лицом вещь, это может расцениваться как присвоение чужого имущества – вещи, вышедшей из чьего-либо владения помимо воли владельца, в соответствии с уголовным кодексом Республики Корея (점유이탈물횡령죄). Вещь, вышедшая из владения другого лица, не считается заброшенной намеренно. Поэтому, даже если она выглядит заброшенной, ее нельзя просто так трогать или приобретать.

(2) В таком случае лицо может забрать вещь с целью вернуть ее владельцу или передать в полицию либо в центр утерянных вещей. Однако в отношении своего «доброго намерения» ему придется самовольно доказать отсутствие намерения незаконного присвоения (то есть, что он не намеревался присваивать и использовать вещь для себя). Особенно это может вызвать подозрения в присвоении чужого имущества, поскольку, если лицо долгое время держало у себя найденную вещь с момента ее обнаружения, предполагается наличие намерения незаконного присвоения.

(3) Поэтому, если на улице или в общественном транспорте Вы находите кошелек, деньги, наушники или другие вещи, лучше оставить их на

месте, чтобы владелец мог их найти. Как объяснено выше, если Вы все же забрали вещь с намерением вернуть ее владельцу, Вы можете оказаться в трудной ситуации, в которой необходимо доказать доброе намерение, поэтому следует быть осторожным.

Вопрос 2.

На пляже запрещено запускать фейерверки!

Согласно закону о режиме пользования и управления пляжами, действие, направленное на запуск пиротехнических изделий для развлечений на пляже (так называемые фейерверки) без разрешения уполномоченных органов, является запрещенным (ст. 22 данного закона). В случае нарушения этого правила может быть наложен административный штраф в размере до 100,000 вон.

Вопрос 3.

Месть за межквартирный шум — это преступление!

С каждым днем акты мести за межквартирный шум становятся все более распространенными. Если кто-то устанавливает динамики на потолке и включает их, или совершает угрожающие действия с целью изматывать другого человека, такие действия могут быть признаны преступлением сталкинга согласно закону о привлечении к ответственности за сталкинг. Сталкинг — это действия, которые вызывают у другой стороны беспокойство или страх без законных оснований и против воли этой стороны. Если действие признано сталкингом, наказанием может быть лишение свободы на срок до 3 лет или штраф до 30 миллионов вон. Таким образом, месть за межквартирный шум по действующему законодательству является преступлением.

Вопрос 4.

Езда на электросамокате по тротуару незаконна!

В последнее время на тротуарах часто можно встретить электросамокаты. Электросамокат и другие "личные средства передвижения" — это транспортные средства, приводимые в движение с помощью электрического мотора, такие как велосипеды, которые могут двигаться только на электрической тяге с небольшой скоростью и рассчитаны на одного человека и т.п. Для управления электросамокатом, подпадающим под действие закона о дорожном движении, требуется наличие водительских прав категории «мотоцикл с малым двигателем» или выше, а также обязательное ношение защитного снаряжения, включая шлем и др. Особенно важно, что во время движения следует использовать проезжую часть, и движение по тротуару является незаконным. Вождение электросамоката в состоянии алкогольного опьянения также считается вождением в нетрезвом виде. Кроме того, так как электросамокат предназначен для одного пассажира, перевозка двух и более человек влечет наложение административного штрафа.

Вопрос 5.

Парковка / остановка автомобиля у пожарных гидрантов также незаконна!

Вы когда-нибудь видели водителей, которые спешат и останавливаются или паркуются перед пожарным гидрантом? Все это является нарушением закона. Согласно статье 32 закона о дорожном движении, все водители не имеют права останавливать или парковать свои автомобили в пределах 5 метров от пожарных гидрантов, водозаборных сооружений или других противопожарных устройств, а также от аварийных систем тушения. В случае нарушения может быть наложен административный штраф.

Вопрос 6.

Захоронение умершего животного запрещено!

Тела животных считаются бытовыми отходами согласно действующему законодательству, поэтому к ним применяются положения закона об управлении отходами. Таким образом, если они не утилизируются в учреждениях, имеющих лицензию на захоронение животных в соответствии с законом о защите животных, тела животных, как и другие бытовые отходы, должны быть утилизированы в установленном порядке. Нарушение этого требования влечет административный штраф до 1 000 000 вон.

사용된 단어

한국어	러시아어
횡령죄	присвоение чужого имущества растрата
점유이탈물횡령죄	присвоение вещи, вышедшей из владения помимо воли владельца
유실물	потерянная вещь утерянное имущество
층간소음	межквартирный шум
스토킹범죄	преступление сталкинга
폐기물관리법	закон об управлении отходами
행정소송	административный иск
생활폐기물	бытовые отходы
형법	уголовный кодекс
불법영득의사	намерение незаконного присвоения

스스로	самовольно своими усилиями самостоятельно
소방용수시설	противопожарные устройства

자주 사용되는 표현

이 표현들은 일상에서 자주 사용됩니다.

1. ~에 대해 보복하다 совершить акт мести за что

예문 1: В качестве совершения акта мести за межквартирный шум иногда соседи намеренно включают музыку на полную громкость.

종종 이웃들은 층간소음에 보복하기 위해 의도적으로 음악을 최대 볼륨으로 틀어 놓기도 한다.

예문 2: Правительство совершило акт мести за террористические действия шпионов.

정부는 스파이들의 테러 행위에 대해 보복했다.

2. ~에 의도가 없다는 점을 입증하다 доказать отсутствие намерения чего

예문 1: Тот, кто случайно взял потерянную вещь, должен доказать отсутствие намерения присвоить её себе.

유실물을 우연히 취득한 자는 그것을 영득할 의사가 없었다는 점을 입증해야 한다.

예문 2: Он попытался доказать отсутствие намерения причинить вред.

그는 가해 의도가 없었다는 점을 입증하려고 했다.

3. 취한 상태로 в состоянии алкогольного опьянения (в нетрезвом состоянии)

예문 1: Он управлял автомобилем в состоянии алкогольного опьянения.

그는 취한 상태로 차량을 운전했다.

예문 2: На работу нельзя выходить в состоянии алкогольного опьянения.

취한 상태로 출근해서는 안 된다.

4. 일정 절차대로 폐기처리하다 утилизировать в установленном порядке

예문 1: Просроченные медикаменты необходимо утилизировать в установленном порядке.

유통기한이 지난 약은 일정 절차대로 폐기처리해야 한다.

예문 2: Опасные отходы следует утилизировать в установленном порядке, согласно инструкции.

위험 폐기물은 지침에 따라 일정 절차대로 폐기처리해야 한다.

연습문제

다음 문장들을 러시아어로 작문하시오.

1. 제가 유실물을 주웠는데, 불법영득의사가 없었다고 어떻게 형법상 입증하죠?

2. 점유이탈물횡령죄 사건에서는 피의자가 유실물을 스스로 사용했다는 사실이 핵심적인 증거가 됩니다.

3. 취한 상태로 운전하는 것(음주운전)은 위험할 뿐만 아니라 도로교통법에 따라 처벌 대상입니다.

4. 생활폐기물은 폐기물관리법에 따라 정해진 절차대로 처리해야 합니다.

Tip 생활법률 지식

1. 불법영득의사란?

불법영득의사는 재산에 대한 죄 가운데 물건 등을 취득하는 유형의 범죄(절도죄, 사기죄 등)가 성립하기 위한 요건 중 하나로, '타인의 물건에 관하여 권리자를 배제하고 이를 자기 소유물처럼 이용하거나 처분하려는 의사'를 말합니다. 불법영득의사는 타인의 물건으로부터 소유자를 배제하려는 의사와, 그 물건에 대한 소유권을 향유하려는 의사라는 두 가지 의사의 결합으로 이루어집니다. 이를테면 타인의 물건의 기능가치를 감소시키지 않고 일시적으로 무단사용한 뒤 적절하게 반환한 데에 그쳤다면, 소유자를 배제하려는 의사가 없으므로 불법영득의사가 인정되지 않아 절도죄로 처벌되지는 않지만, 다른 법령에 따라 법적책임을 부담할 수 있습니다.

2. 점유이탈물횡령죄란?

점유이탈물횡령죄는 기존 점유자의 의사에 의하지 않고 점유를 이탈한 물건을 불법영득의사로 취득하여 자신의 지배하에 두는 행위로 성립하는 범죄입니다. 절도죄와 비교했을 때, 타인 소유의 물건을 불법영득의사로 취득하는 점은 같으나 절도죄는 타인이 점유한 물건에 대한 죄인 반면 점유이탈물횡령죄는 기존 점유자 의사에 의하지 않고 점유를 이탈한(유실물 등) 물건에 대한 죄인 점에서 차이가 있습니다. 예를 들어 분실물의 경우 대중교통이나 공중시설 등 출입이 자유로운 곳에 방치된 물건은 유실물로서 점유이탈물횡령죄의 객체가 되지만, 특정한 관리자가 배타적으로 관리하는 시설에 놓고 간 물건을 취득하면 관리자 등의 점유를 침해한 것이기 때문에 절도죄가 성립할 수도 있습니다.

질문 1의 사례의 경우, 지하철 등 대중교통 시설에 놓인 물건은 설령 주인이 그 자리에 있거나 나타나지 않더라도 소유자가 있는 물건인 이상 타인이 함부로 이를 취득한다면 얼마든지 범죄가 될 수 있습니다. 따라서 주인이 없어 보이는 물건이 떨어져 있더라도 가능한 한 건드리지 않는 것이 좋고, 이미 취득했다면 신속하게 경찰서나 분실물센터 등에 맡겨 주인을 찾을 수 있도록 해야 합니다.

3. 벌금/과태료/범칙금이란?

과태료와 벌금 및 범칙금은 모두 질서위반이나 불법행위에 대하여 제재적으로 부과되는 재산적 불이익으로서, 일상에서 자주 혼동되며 법적으로도 같은 행위에 이들이 동시에 혹은 선택적으로 부과되는 경우가 종종 있습니다.

예를 들면, 과속주행을 한 운전자가 적발된다면 통고처분을 통해 그에 범칙금을 부과하고, 운전자를 식별할 수 없는 등 범칙금을 부과할 수 없다면 차주에게 과태료가 부과되며, 범칙금을 부과받은 운전자가 이를 납부하지 않거나 불복한다면 형사절차로 이행하여 위반사실에 따라 벌금이 부과되는 식입니다.

1) **벌금**은 형법에 정해진 재산형의 일종으로, 범죄자에게 5만 원 이상의 금액(5만 원 이하의 경우는 '과료'라고 함)을 지불하도록 하는 것으로서 엄연히 형사처벌에 해당합니다.

2) **과태료**는 부과 기준과 요건 등에서 벌금과 유사한 부분이 많지만 벌금과는 달리 형사처벌에 해당하지 않으며, 통상적인 형사절차나 행정소송 등 행정구제절차가 아닌 질서위반행위규제법 등에 따라 별도로 규율됩니다.

3) **범칙금**은 원칙적으로 형사처벌의 대상이 되는 위반행위가 있을 때, 처벌을 대신해 위반자에게 통고처분과 함께 이를 납부하도록 하는 것입니다. 범칙금은 형사처벌도 과태료도 아닌 중간적 성격의 제재로서, 범칙금을 납부할 경우 해당되는 위반행위로 인한 형사처벌을 면할 수 있고, 납부하지 않거나 불복한다면 원칙에 따라 즉결심판 등 형사소송절차로 이행하게 됩니다.

과태료와 범칙금은 형벌에는 해당하지 않으므로, 범죄전력으로서의 '전과'로 남지는 않습니다.

4. 해수욕장에서 준수해야 할 사항은?

해수욕장법에 따라 해수욕장에서 금지되는 행위는 질문 2의 사례의 불꽃놀이 외에도 ① 허가 없는 상행위/시설물 설치/무선동력기구 조종/모래 등 채취 ② 지정장소 외에서 쓰레기투기/취사/야영/해수욕 등이며, 이외에도 부표 등으로 구분되는 해수욕장의 물놀이 구역 내에서 무동력 래프팅 등을 포함한 수상레저기구를 이용하는 행위 역시 과태료 부과대상입니다.

5. 스토킹범죄란?

스토킹처벌법상의 **스토킹행위**는 '① 상대방 의사에 반하여 ② 정당한 이유 없이 ③ 상대방 및 주변인을 따라다니거나 지켜보는 행위/물건이나 글, 음향, 그림, 영상 등을 보내는 행위/개인정보 등을 유포하는 행위 등으로 불안감이나 공포를 유발하는 것'입니다. 이러한 스토킹행위가 지속적, 반복적으로 이루어진다면 비로소 **스토킹범죄**가 성립되어 형사처벌을 받을 수 있습니다.

질문 3의 사례의 경우, 층간소음 보복을 위해 의도적으로 소음을 발생시키는 행위가 위에서 설명한 스토킹행위의 정의에 부합하게 된다면 이러한 행위를 지속적, 반복적으로 하는 것 역시 스토킹범죄로 처벌받을 수 있으므로 이웃 간 층간소음 문제는 가급적 서로를 배려하는 방식으로 해결하는 것이 바람직합니다.

6. 전동킥보드에 적용되는 법규는?

전동킥보드 및 전동기만으로 움직이는 일부 전기자전거처럼 낮은 출력의 전동기로 운행하는 이동수단은 도로교통법상 원동기장치자전거(오토바이 등)로 분류됩니다. 그중 ① 특정 속도 이하로만 운행할 수 있고 중량이 일정 미만이며 ② 관련 법령에 따라 안전인증을 받은 것은 **개인형 이동장치(Personal Mobility, PM)**로서 일반적인 원동기장치자전거와 달리 운행 시 자전거와 유사하게 규율되어 자전거도로를 주행하거나, 자전거 헬멧 등의 보호장구를 착용해야 합니다. 한편 도로교통법상 PM의 위 조건에 해당하지 않는 전동킥보드 등은 일반 원동기장치자전거처럼 자전거 도로에 진입할 수 없고 반드시 오토바이 헬멧에 준하는 보호장구를 착용해야 합니다.

질문 4의 사례의 경우, 개인형 이동장치(PM) 역시 자전거와 마찬가지로 인도로 운행하는 것은 원칙적으로 금지됩니다. 또한 PM은 운행상 자전거와 유사하게 취급할 뿐 차의 일종인 원동기장치자전거이므로, 그에 해당하는 면허를 갖춰야 하는 등 도로교통법과 교통사고처리특례법상 차에 관한 규정이 적용됩니다.

7. 불법주정차구역이란?

질문 5의 사례의 경우 외에도, 도로교통법에 따라 교차로 인근, 횡단보도, 사유지가 아닌 인도, 버스정류장 인근, 유턴구역 및 어린이보호구역 내에서는 원칙적으로 주정차가 금지됩니다. 이를 위반하여 주차된 차량에 대해서는 필요한 경우 이동 명령 및 조치가 취해질 수 있으며, 운전자에게 통고처분에 더해 범칙금이 부과되거나 차주 등에게 과태료가 부과될 수 있습니다.

8. 동물 사체의 처리방법은?

법적으로 동물의 시체와 유골은 폐기물관리법의 정의상 폐기물에 해당하므로, 생활폐기물 내지 (동물병원에서 죽은 동물이나 실험동물 등) 의료폐기물로 분류해 처리하는 것이 원칙입니다. 다만 동물보호법에 따라 동물장묘업 허가를 받은 시설 혹은 공설동물장묘시설에서는 예외적으로 동물의 시체를 보관하거나 안치할 수 있도록 정해져 있습니다.

질문 6의 사례의 경우 동물 시체를 위의 방식으로 처리하는 것 외에 임의로 매장하거나 그 유골을 뿌리는 것은 사유지, 야산, 하천 등 장소를 막론하고 폐기물관리법에 위반한 행위로서 과태료 부과 대상이 됩니다.

부록

해설

사례 살펴보기 해설

질문 1. 결혼비자로 변경을 원하는 불법체류자(불법체류, 한국인과 사실혼), 결혼비자를 받을 수 있나요?

불법체류자가 결혼비자(결혼이민 F-6 자격)를 받기 위해서는 우선 불법체류자 자진신고를 한 후, 외국인 본인의 국가로 출국하고, 각 국가에서 혼인신고 후, 결혼비자를 신청할 수 있습니다. 즉, 불법체류 중이면, 원칙적으로 국내에서는 국민의 배우자로의 체류 자격 변경이 안 되며, 출국하시어 재외공관에서 결혼 동거 목적의 거주 사증(F-2)을 발급받아 국내에 입국하여야만 합니다.
다만, 예외적으로 위와 같이 출국하지 않고도 국내에서 결혼비자를 신청/변경할 수도 있는데, 이는, 임신/출산과 같이 인도적인 사유가 있는 경우, 출입국의 심사 후 제한적으로 결혼비자를 허가하기도 합니다.

질문 2. 불법체류자라도, 체불된 임금을 청구할 수 있을까요?

불법체류자라고 하더라도 근로를 제공하였다면 그 대가인 임금을 청구하여 받을 법률상 권리가 존재합니다. 사용자가 불법체류자라는 이유 등으로 임금을 지급하지 않는다면, 1) 구두로 체불임금을 지급하여 줄 것을 요청하고 2) 그 다음으로 내용증명을 발송하여 경고하고 3) 구두 또는 내용증명으로 해결되지 않는다면 관할 지방노동관서에 진정할 수 있습니다. 또는 민사소송을 통해 체불임금을 청구할 수 있습니다.

질문 3. 불법체류를 합법체류로 전환할 수 있는지?

불법체류자가 내국인과 결혼하여 임신, 출산예정, 자녀 양육 등의 사유로 국내에서 체류자격 변경이 불가피하다고 판단되는 경우, 엄격한 심사를 통해 예외적으로 체류자격 변경이 가능한 경우가 존재합니다. 하지만, 원칙적으로 불법체류를 합법체류로 전환하는 것은 불가능하다고 보아야 합니다.

질문 4. 불법체류자로서 근로를 하다 산재사고가 발생한 상황에서, 치료를 위한 체류가 가능한지?

불법체류자가 근로 중 산재를 입어 치료를 요하는 경우에는 G-1비자를 발급받을 수 있습니다. 따라서 산재 치료를 위해 체류가 가능합니다.

연습문제 모범답안

문제 1. 불법체류자가 자진신고를 하지 않는다면, 원칙적으로 체류자격 변경도 불가능합니다.

> Если нелегальный мигрант добровольно не сообщит о своём незаконном пребывании, то по общему правилу невозможно изменить статус пребывания.

문제 2. 사용자가 임금을 계속 미지급하면, 지방노동관서에 신고하거나 법원에 소송을 제기해야 합니다.

> Если работодатель продолжает не выплачивать зарплату, следует обратиться в местную трудовую инспекцию или обратиться в суд с иском.

문제 3. 산재를 입어 치료가 필요한 예외적인 경우라면, 불법체류자라도 인도적 사유를 주장해 볼 수 있습니다.

> В исключительных случаях, если нелегальный мигрант получил производственную травму и нуждается в лечении, возможно заявить о гуманитарных причинах.

문제 4. 결혼비자를 발급받으려면, 엄격한 심사를 거쳐야 합니다.

> Чтобы получить брачную визу, необходимо пройти строгую проверку.

사례 살펴보기 해설

질문 1. 형사사건에서 집행유예 선고를 받을 시, 강제퇴거 대상자가 되는지, 또는 기소유예 시, 강제퇴거 대상자가 되는지?

출입국관리법 제46조(강제퇴거의 대상자) 제1항 제13호는 금고 이상의 형을 선고받고 석방된 사람을 강제퇴거 대상자로 규정하고 있습니다. 위의 '금고 이상의 형'에는 집행유예를 선고받은 경우도 포함하므로 강제퇴거 대상자에 해당될 수 있습니다.
기소유예 처분을 받는 경우에는, 일반적으로 강제퇴거나 입국의 규제를 받지 않으나 마약류 관리에 관한 법률 위반이나 성폭력범죄의 처벌 등에 관한 특례법 위반, 보이스피싱 등 중대한 범죄로 기소유예 처분을 받는 경우에는 강제퇴거나 입국규제를 받을 수 있습니다.

질문 2. 형사처벌 전과가 있는 경우, 강제퇴거 대상자가 되는 것인지? 그럼에도 불구하고 한국에 체류할 수는 없는지?

형사사건으로 벌금 300만 원 이상의 형 선고를 받은 외국인은 강제퇴거의 대상자로 지방출입국·외국인관서의 장은 해당 외국인을 대한민국 밖으로 강제퇴거시킬 수 있습니다. 다만, 인도적 사유(국내 출생자 또는 외국국적동포 등 국내에 생활기반이 있는 자, 임신/출산/미성년 양육자로서 국내에 생활기반이 있는 자, 산재 등으로 인한 부상, 질병 등 국내 치료가 필요한 자 등)나 국익에 도움이 되는 사유(전문지식, 고도의 기술이나 기능을 가진 산업/교육/문화/예술/체육분야 등 종사자로서 국내에서 계속 체류할 필요가 있는 자 등)를 적극 주장하여 강제퇴거 명령을 면할 가능성은 존재합니다.

질문 3. 위와 같은 인도적 사유를 주장했음에도, 사범심사 결과 강제퇴거 명령이 나온다면?

강제퇴거 명령을 받은 외국인은, 강제퇴거명령의 부당성 및 재량권의 일탈남용 등을 주장하며, 강제퇴거명령서를 받은 날부터 7일 이내에 지방출입국·외국인관서의 장을 거쳐 법무부장관에게 이의신청서를 제출할 수 있으며, 나아가 처분이 있은 날로부터 90일 이내 강제퇴거 명령에 대해 행정심판 청구를 하거나 행정소송을 제기할 수 있습니다.

질문 4. 음주운전으로 인한 벌금 300만 원 전과인 경우에도 강제퇴거대상인지?

도로교통법 위반(음주운전 등)으로 벌금액이 300만 원 이상인 사람 또는 벌금액이 300만 원 미만일지라도 인적/물적 사고를 수반하여 그 피해자와 합의가 없는 사람은, 사범심사의 대상이자 퇴거조치의 대상이 됩니다.

질문 5. 강제퇴거 시 본국이 아닌 제3국으로의 출국이 가능한지?

강제퇴거 시 외국인의 본국이 아닌 제3국으로의 출국도 가능합니다. 이와 관련하여 대한민국 헌법재판소는 "강제퇴거대상자는 대한민국에 체류할 수 없을 뿐 본국 또는 제3국으로 자진출국함으로써 언제든지 보호상태를 벗어날 수 있는 등, 강제퇴거대상자에 대한 신체의 자유 제한은 그의 의사에 좌우될 수 있다는 특수성이 있다"라고 판시한 바 있습니다.

연습문제 모범답안

문제 1. 집행유예를 받은 외국인이 강제퇴거를 피하려면 어떻게 해야 할까요?

Что должен сделать иностранец, получивший условную отсрочку наказания, чтобы избежать депортации?

문제 2. 정부는 불법체류자들에게 강제퇴거 명령을 내리기로 결정했습니다.

Правительство решило вынести решение о депортации для нелегальных иммигрантов.

문제 3. 음주운전으로 벌금 300만 원 이상을 받으면 강제퇴거 대상이 되나요?

Подлежит ли иностранец депортации, если он был оштрафован на сумму не менее трёх миллионов вон за вождение в состоянии алкогольного опьянения?

문제 4. 음주운전 전과가 있는 사람은, 동일한 위반이 반복될 때 체류 연장에 어려움을 겪게 됩니다.

Лицо, имеющее судимость за вождение в состоянии алкогольного опьянения, столкнётся с трудностями при продлении срока пребывания в случае повторного нарушения.

문제 5. 강제퇴거 명령이 내려지면, 7일 이내에 이의신청을 해야 한다고 들었습니다.

Если вынесено решение о депортации, я слышал(а), что необходимо обжаловать его в течение семи дней.

사례 살펴보기 해설

질문 1. 내국인과 혼인 후 유책배우자로 이혼할 경우, 결혼비자(F-6)가 없어지는지?

외국인 배우자의 유책사유로 이혼한다면, 결혼비자로 승인된 기간 및 가사정리자격으로 변경하여 6개월간 한국에서의 체류가 가능합니다.

질문 2. 유책배우자로 이혼하였지만, 한국 국적의 미성년 자녀에 대한 양육권자로서 한국에 체류할 수는 없는지?

유책배우자로서 이혼한 외국인이 미성년 자녀를 양육하고 있다면, 체류기간을 연장할 수 있습니다. 이 경우에는 자녀를 양육하는 사실을 증명하는 서류(이혼 판결문)를 제출하여야 합니다.

질문 3. 결혼이민자가 본국에 있는 가족을 국내로 초청할 수 있는지?

자녀양육지원(결혼이민자 또는 한국인 배우자가 임신 또는 자녀를 양육하는 경우) 또는 인도적 사정(결혼이민자, 한국인 배우자, 자녀 중 중증질환 또는 중증장애가 있는 경우)이 있는 경우 방문동거비자(F-1-5)를 신청하여 본국의 가족을 국내로 초청할 수 있습니다.

질문 4. 외국인 배우자와 재혼으로 생긴 (외국인 배우자의) 자녀(미성년일 경우/성인일 경우)가 국내에 체류할 수 있는지?

외국인 배우자의 자녀가 미성년일 경우에는 단기 친지방문(C-3) 비자를 받아 입국한 후, 국내에서 방문동거(F-1) 비자로의 변경신청이 가능합니다. 외국인 배우자의 자녀가 성년일 경우에는 단기방문비자로 단기간의 체류만 가능하고, 장기 체류는 어렵습니다.

질문 5. G-1(난민 신청 비자)을 다른 비자로 변경할 수 있나요?

G-1비자는 임시 자격을 부여하는 비자이기 때문에 원칙적으로 체류자격 변경이 불가합니다.

질문 6. 돈을 벌기 위한 목적으로 난민신청이 가능한가요?

돈을 벌기 위한 목적으로는 난민신청이 불가능합니다. 난민법에서 규정하는 난민(신청) 사유는, 1) 인종, 2) 국적, 3) 종교, 4) 특정사회집단의 구성원, 5) 정치적 견해를 이유로 박해를 받을 수 있다고 인정할 충분한 근거가 있는 공포로 인하여 국적국의 보호를 받을 수 없는 자여야 합니다.

연습문제 모범답안

문제 1. 이혼 판결문을 미비한 경우에는 미성년 자녀 양육 사실을 증명하기 어려워 체류 기간 연장이 어려울 수도 있습니다.

Если не имеется решение суда о разводе, будет трудно подтвердить факт воспитания несовершеннолетнего ребенка, и продлить срок пребывания может оказаться затруднительно.

문제 2. 외국인 배우자의 성인 자녀에게 한국 국적이 없는 경우에는 장기체류가 어려워서, 한국에 남아 부모를 돕기가 쉽지 않습니다.

Если совершеннолетний ребенок иностранного(ой) супруга(и) не имеет корейского гражданства, то ему затруднительно длительное пребывание, что осложняет возможность оставаться в Корее и помогать родителям.

문제 3. 결혼이민자인 그녀는 가족을 초청하기 위해 방문동거비자를 신청하고자 합니다.

Она, будучи брачным иммигрантом, собирается подать заявление на брачную визу для посещения и совместного проживания, чтобы пригласить свою семью.

문제 4. 그는 비자를 신청했다는 증거를 제출하기 위해 서류를 준비했습니다.

Он подготовил документы, чтобы представить доказательства того, что подал заявление на визу.

사례 살펴보기 해설

질문 1. D-2 유학비자를 소지한 외국인 유학생이 영리활동(경제활동)을 할 수 있는지?

D-2 비자를 소지한 외국인 유학생은 영리, 취업활동이 원칙적으로 금지되나, 시간제취업(아르바이트, 단순노무 등) 허가를 받은 경우에 한정하여 영리활동을 할 수 있습니다. 다만 시간제 취업허가를 받기 위해서는, 일정 수준의 한국어 능력을 보유하여야 하고, 유학생 담당자의 확인을 받아야 합니다. 또한 한국어 능력별, 학위과정별에 따라 허용시간이 다르므로 유의할 필요가 있습니다.

질문 2. 외국인등록의 대행이 가능한지?

외국인등록은 외국인이 대한민국에 90일을 초과하여 체류하는 경우, 외국인 체류 관리를 위해 등록하는 제도입니다. 원칙적으로 최초 외국인등록은 입국 후 본인이 직접 와서 신청하고, 지문 및 얼굴 등록을 해야 합니다. 예외적으로 만 17세 미만의 미성년자를 대신하여 부모가 대리신청하는 것은 가능합니다.

질문 3. K-eta를 작성하고, 입국하였으나 입국심사 과정에서 입국 거부 조치되었다면, 어떻게 해야 하는지?

K-eta를 작성하고 입국하였다고 하더라도 입국심사 과정에서 여권 또는 사증이 유효하지 않는 경우, 입국목적이 체류자격에 맞지 않는 경우, 출입국관리법 제11조에 따른 입국 금지 또는 거부대상일 경우 등에는 입국이 허가되지 않을 수 있습니다. 이러한 경우 입국 불허가 통지서의 입국 불허가 사유를 확인하고, 그 사유가 부당할 경우에는 이의신청서를 작성하여 담당 출입국 공무원에게 제출하여 이의제기를 할 수 있습니다.

질문 4. 한국에 투자이민을 하고자 할 때, 그 방법은 무엇이 있는지(외국인투자 비자의 종류는 무엇이 있는지)?

외국인이 한국에 투자이민을 하고자 할 때, 고려할 수 있는 비자는 기업투자(D-8), 부동산투자(F-2) 등을 고려할 수 있습니다.

(1) 기업투자(D-8) 비자의 경우, 1) 대한민국 법인의 경영·관리 또는 생산·기술 분야에 종사하려는 필수 전문인력(D-8-1), 2) 벤처기업 확인을 받은 기업의 대표자 또는 기술성이 우수한 것으로 평가를 받은 기업의 대표자(D-8-2), 3) 대한민국 국민(개인)이 경영하

는 기업의 경영·관리 또는 생산·기술 분야에 종사하려는 필수전문인력(D-8-3), 4) 국내에서 전문학사 이상의 학위를 취득한 사람, 또는 국외에서 학사 이상의 학위를 취득한 사람, 또는 관계 중앙행정기관의 장이 추천한 사람으로서 지식재산권을 보유하거나 이에 준하는 기술력 등을 가진 법인 창업자(D-8-4)로 나눌 수 있습니다.

(2) 부동산투자(F-2) 비자의 경우, 법무부고시에 따르면 외국인이 부동산투자비자(F-2)를 받기 위해서는 다음과 같은 특정 지역 부동산에 투자하여야 합니다. 강원도 평창 알펜시아/인천경제자유구역 송도국제도시, 영종지구, 청라국제도시/제주특별자치도/전남 여수경도 해양관광단지/부산 해운대관광리조트, 동부산관광단지/강원도 강릉 정동진 지구/전남 여수 화양지구 등이 해당합니다.

질문 5. 비자신청 시, 작성해야 하는 신원보증서의 보증인은 외국인도 가능한지? 피보증 외국인의 문제로 신원보증인이 처벌이나 책임이 발생하는지?

신원보증서의 보증인은 외국인도 가능하지만 외국인등록증을 보유하고 있는 자로서 보증기간은 체류기간을 초과할 수 없습니다.
신원보증서의 보증내용에 따르면, 신원보증인은 피보증외국인이 체류 중 제반 법규를 준수하도록 하며, 출국여비 및 이와 관련된 비용에 대한 지불책임을 부담하고, 체류 또는 보호 중 발생되는 비용에 대한 지불책임을 부담한다라고 하여, 위와 같은 비용을 신원보증인이 부담하게 될 수도 있습니다.

연습문제 모범답안

문제 1. 만 17세 미만 자녀를 대신해서 외국인등록증을 대리 신청하려면, 부모가 먼저 외국인등록과 지문등록을 해야 합니다.

Чтобы подавать заявление на регистрацию иностранца от имени несовершеннолетнего ребёнка в возрасте до 17 лет, прежде всего родитель сам должен пройти регистрацию иностранца и регистрацию отпечатков пальцев.

문제 2. 투자이민비자를 받으려면 신원보증서가 필요한지, 또 어떤 허가가 필요한지 꼭 확인하세요.

Если вы планируете получить визу иностранного инвестора, обязательно проверьте, требуется ли гарантийное письмо, а также какое разрешение необходимо получить.

문제 3. 유학생의 경우, 허가를 받은 경우에만 체류 중 경제활동이 가능하다는 사실을 잊지 마세요.

Не забывайте, что иностранному студенту разрешается вести экономическую деятельность во время пребывания только при условии получения соответствующего разрешения.

문제 4. 입국 거부 통지를 받았다면 그 사유를 확인하세요.

Если вы получили уведомление об отказе во въезде, обязательно проверьте причину отказа.

문제 5. 계약서에 명시된 대로, 그는 모든 비용에 대해 지불 책임을 부담해야 합니다.

Согласно условиям контракта, он должен нести ответственность за оплату всех расходов.

사례 살펴보기 해설

질문 1. 알렉스는 필요한 물건들을 "중고마켓"이라는 중고거래 온라인플랫폼을 통해 구매해 왔습니다. 그러던 중 노트북이 고장 났고, 중고마켓을 통해 완전 새것처럼 보이는 삼성 노트북을 알렉스가 생각했던 가격의 반값에 팔고 있는 것을 알게 되었습니다. 알렉스는 판매자에게 연락을 취하였고, 안전하게 직거래를 하려했지만, 판매자의 사정 때문에 선입금을 하면 물건을 바로 배송하겠다는 말을 신뢰하였습니다. 하여, 판매자가 보내준 안심거래 링크를 통해 계좌로 노트북 값을 입금시켰는데, 입금을 확인해 달라는 요청 메시지에도 판매자는 더 이상 답이 없었습니다. 그 이후 3일이 지났지만 노트북 역시 배송되지 않은 상황입니다. 해당 판매자의 게시글은 중고마켓 사이트에서 사라졌고, 연락이 두절된 상황입니다. 알렉스는 어떻게 해야 할까요?

중고거래 사기에 해당합니다. 형법상 '사람을 기망하여 재물을 편취하거나 재산상의 이익을 취득하는 행위'는 사기죄로 처벌되며, 10년 이하의 징역 또는 2천만 원 이하의 벌금에 처하게 됩니다.
위 사안에서 중고거래의 판매자는, 물건을 팔 생각이 없으면서, 알렉스를 기망하여 중고 노트북을 판매할 것처럼 속이고, 알렉스로부터 노트북 대금을 편취함으로써 재산상의 이익을 취득하였습니다. 이는, 형법상 사기죄에 해당하며, 알렉스는 사이버 수사대를 통해 중고거래 사기사건 진정을 제출하거나 직접 수사기관에 사기피해사실을 고소(신고)할 수 있습니다. 이 경우, 중고거래 사기 피해 사실을 입증할 수 있는 자료들을 증거자료로서 최대한 수집하여 수사기관에 제출해야 하는데, 판매자의 게시글, 판매자와 주고받은 문자 내역, 통화내역, 대금 이체내역 등을 증거로서 활용하실 수 있습니다.
중고거래 판매자는 형사적 처벌을 받는 것과 별개로, 알렉스에게 끼친 재산상 손해에 대해서도 배상을 해야 하는데요, 알렉스는 형사 고소(진정접수)와 별개로 별도의 민사상 절차를 밟아야 합니다. 민사상 불법행위에 따른 손해배상청구 소송을 제기할 수 있는데요, 다만, 형사절차를 진행하면서, 좀더 신속하고 간편하게 배상 받는 절차가 존재하며, 이를 '배상명령신청제도'라고 합니다. 형사소송절차 중에 배상명령을 청하여 민사적 배상까지 함께 받을 수도 있습니다.

질문 2. 지난 달 중고 노트북을 구매하려다 사기를 당한 알렉스. 앞으로는 중고거래를 조심해야겠다는 생각을 하면서도, 생활에 필요한 물품들을 중고마켓을 통해 거래해 오고 있습니다. 다만, 지난 사건을 계기로 하나의 원칙을 세웠는데요, 판매자의 사정이 어떠하든, 직거래가 아니라면 절대 돈을 먼저 이체하거나 물건을 구매하지 않겠다는 원칙입니다.
이번에는 다이슨 청소기가 필요했던 알렉스. 중고거래 사이트에서 좋은 가격의 다이슨 청소기를 발견하고서 판매자에게 연락하여, 만날 장소와 시간을 잡고 직거래를 하기로 하였습니다.

예정된 장소에서 판매자를 만나, 청소기의 겉상태도 확인하고, 작동이 안되는 건 아닌지 의심이 들어, 근처 카페에 가서 전원을 연결해서 작동 여부도 확인하였습니다. 아무 문제없이 잘 작동되는 청소기를 확인하고선, 기분 좋게 값을 지불하고, 집에 청소기를 들고 왔습니다.
하지만, 청소기에 하자가 존재했습니다. 사 온 청소기로 10분 정도 방청소를 하고 있는데 갑자기 전원이 꺼지는 청소기. 다시 전원을 껐다가 켜니 작동은 했지만, 10분이 지나면 또 자동으로 꺼지기를 반복했습니다. 분명 하자 있는 청소기를 팔았던 게 분명한 상황. 알렉스는 하자 있는 청소기를 어떻게 해야 할까요?

중고거래 당시 구매 물품에, 판매자가 전혀 고지하지 않은 중대한 하자가 있어 정상적인 사용이 불가능하다면, 구매자 입장에서는 물건에 대한 하자담보책임을 판매자에게 물을 수 있습니다.
즉 구매자의 입장에서는,
1) 중대한 하자 있는 물품에 대해 계약을 해제하고, 환불을 요구하거나,
2) 물건의 수리 또는 수리비의 배상을 요구할 수 있습니다.
해당 요청에도 불구하고, 판매자가 모르쇠로 일관한다면, 민사상 소제기를 통해 계약의 해제 및 손해배상청구 소송을 제기할 수 있습니다.
이 경우, 역시나
1) 중고거래 사실,
2) 대금 이체 사실,
3) 해당 물품의 하자 존재 사실 등을 입증하기 위한 증거자료가 잘 수집되어야 하며, 거래 직후 발견한 하자에 대해 판매자에게 하자 존재사실을 통지하고, 해당 하자가 구매자가 사용하기 전부터 존재하였음을 입증하기 위해 사진, 영상 자료 등을 남겨 놓으시길 권고드립니다. 판매자의 입장에서는, 원래 정상적으로 작동했던 청소기가 당신이 사용하면서 고장났다고 주장할 가능성이 존재하기 때문에, 직거래 직후 첫 사용시에 하자가 있었음을 증거로 남기기 위해, 판매자에게 해당 사실을 문자 등으로 통보해 놓는 것이 중요합니다.

질문 3. 다가오는 추석 명절을 맞아, 주변 분들을 알뜰히 챙겨왔던 알렉스. 그러다 보니, 주변 분들로부터 추석 선물을 많이 받기도 합니다. 올해에는 공부하면서 건강을 챙기라고 선물 주신 영양제 선물이 3개나 들어왔는데요, 유통기한이 있는 영양제를 3통이나 선물 받고 나니, 유통기한 내에 영양제를 모두 소비하기가 어려울 것 같았습니다. 이에 알렉스는 영양제 2통은 중고마켓에 팔아 용돈을 좀 벌어볼까 합니다. 중고거래 사이트에서는 제한없이 어떤 물건이든 사고, 되팔아도 문제가 되지 않는 걸까요?

영양제, 홍삼액 등과 같은 건강기능식품은 현행법에 따라 판매업을 신고한 영업자만 판

매할 수 있으며 일반 개인은 판매가 불가능합니다. 특히, 전문의약품은 의사의 처방 후 약사의 지도에 따라 구매할 수 있고, 일반의약품 역시 약국에서만 판매할 수 있습니다. 건강기능식품 및 의약품에 대한 판매는, 중고거래 뿐만 아니라 무료 나눔이라 하더라도 역시 불법입니다. 무료 나눔 역시 영업 행위로 간주되기 때문인데요, 만약 일반 개인이 영양제 등과 같은 건강기능식품을 중고 거래하는 행위가 식품의약품안전처 및 수사기관에 적발되면 최대 5년 이하의 징역이나 5000만 원 이하의 벌금에 처할 수 있습니다.
이 외에도, 중고거래가 불가능한 물품으로는, 주류, 담배, 음식물 및 식품 등이 있으며, 식품위생법, 청소년보호법 등의 적용을 받아, 중고거래 플랫폼 판매 시 처벌될 수 있음을 기억하세요!

질문 4. 알렉스는 연말 아이유 콘서트에 여자친구와 가고 싶은데, 티켓 오프닝 시간을 착각하여, 티켓 예매를 하지 못했습니다. 친구가 말하길, 콘서트 당일 현장에서 티켓을 살 수 있는데, 현장티켓의 경우 약간의 웃돈을 얹어 판매하고 있으니, 현장에 가서 티켓을 사라고 합니다. 웃돈을 얹어 티켓을 사는 콘서트 티켓 중고거래가 법에 저촉되는 것은 아닌지 궁금합니다.

공연법 제4조의2는 "문화체육관광부 장관은 공연의 입장권·관람권 또는 할인권·교환권 등의 부정 판매를 방지하기 위하여 노력하여야 한다"고 명시하고 있으며, 현행 형법상 암표 매매는 경범죄에 해당합니다. 경범죄 처벌법 제3조는 "흥행장, 경기장, 역, 나루터, 정류장, 그 밖에 정하여진 요금을 받고 입장시키거나 승차 또는 승선시키는 곳에서 웃돈을 받고 입장권·승차권 또는 승선권을 다른 사람에게 되판 사람"에 대해 "20만 원 이하의 벌금, 구류 또는 과료의 형으로 처벌한다"고 명시하고 있습니다. 이에 대해, 암표를 '구매하는' 사람을 처벌하는 규정은 별도로 존재하지 않는다고 생각할 수 있지만, 건전한 예술문화 형성을 위해 암표를 판매해서도, 불법암표를 구매해서도 안 되겠습니다.

연습문제 모범답안

문제 1. 이반은 그의 선불 요구를 거절했습니다.

Иван отклонил его требование оплатить товар заранее.

문제 2. 피해자는 배상명령을 신청해 빠르게 돈을 받을 수 있었습니다.

Потерпевший смог быстро получить деньги, потому что успел ходатайствовать о компенсации ущерба в рамках уголовного процесса.

문제 3. 친구와 노트북을 구매할 때 우리는 안전을 위해 직거래를 하기로 했습니다.

Когда мы покупали ноутбук с другом, мы решили провести сделку лично ради безопасности.

문제 4. 사기꾼이 인터넷으로 대금을 편취하자, 저는 은행에 계좌 지급정지를 신청했습니다.

Когда мошенник завладел деньгами через интернет, я сразу в банке запросил блокировку счёта.

문제 5. 소비자의 환불 요청을 계속 무시하면 문제가 커질 수 있습니다.

Если продолжаете игнорировать требование потребителя на возврат денег, проблема может усугубиться.

사례 살펴보기 해설

질문 1. 임차인은 임대차계약을 체결한 뒤 확정일자와 대항력을 취득하였습니다. 임대차 계약기간이 만료되기 전에 임차인은 갱신을 원하여 집주인에게 연락을 했으나, 집주인은 임차 목적물을 다른 사람에게 매도하였으니 새로운 집주인에게 연락해 보라며 전화를 끊었습니다. 새로운 집주인은 월세를 5 만 원 더 내야 갱신(계약 조건의 변경)해 주겠다고 합니다. 임차인은 월세를 더 낼 수 없어, 다른 곳으로 이사 가려고 합니다. 이 경우 임차인은 옛날 임대인과 현재 새로운 집주인 중 누구로부터 보증금을 반환받아야 할까요?

임차인과 최초 임대차 계약을 체결했던 임대인이 임대차 계약 존속 중 임차목적물인 아파트를 제3자에게 매도하였다면, 그 아파트의 소유권과 임대인의 지위는 새로운 집주인(매수인)에게 이전합니다. 즉, 임대인의 지위를 승계한 새로운 집주인이 보증금 반환채무를 면책적으로 채무 인수하게 되므로, 임차인은 새로운 집주인으로부터 임대차 보증금을 반환 받을 수 있습니다. 참고로, 임차인이 대항력을 갖추지 못하였다면, 과거 집주인에게 보증금 반환청구를 할 수 있습니다.

질문 2. 임대 기간을 2년으로 하여 임대차계약을 체결하였으나, 보일러가 고장이 나서 이사를 가고 싶습니다. 처음에는 집주인에게 보일러를 고쳐 달라고 했으나, 집주인은 멀쩡하던 보일러가 왜 고장이 났냐며 임차인인 제가 비용을 지불하고 고쳐야 한다고 합니다. 제가 수리비용을 지불하고 고쳐야 하나요? 보일러 수리비만 100만 원이 들어간다는데, 저는 차라리 이사를 가고 싶습니다. 아직 계약기간이 안 끝났지만 이사를 갈 수 있을까요? 집주인은 계약기간을 위반하고 이사를 갈 경우 보증금은 줄 수 없다고 합니다. 저는 계약기간 만료 전에는 이사 갈 수가 없나요?

1) 보일러 수리비용은 누가 지불해야 하나요?

임대인(집주인)은 목적물(주택)을 임차인(세입자)에게 인도하고 계약존속 중 그 사용수익에 필요한 상태를 유지해야 할 수선 의무를 부담합니다(민법 제623조). 따라서 임대인은 난방, 누수, 수도관과 같은 대규모 비용을 필요로 하는 부분의 수선 및 수리비용을 부담해야 합니다.

판례에 따르면 '임대목적달성에 필요한 범위 내'의 겨울에 보일러 고장, 전기배선 파손 등에 관해서는 임대인이 수선 의무를 부담한다고 보았으나, 형광등 교체와 같이 쉽게 수선이 가능한 사소한 부분은 임차인이 수선 의무를 부담한다고 판시하였습니다(대법 98두18053 등).

따라서 위 사례의 경우, 보일러는 대규모 비용을 필요로 하는 부분으로서 임대인에게 수리를 해 줘야 할 의무가 있으며 만약에 임차인이 돈을 들여 수선하게 된다면 그 비용을 임대인에게 청구할 수 있습니다.
참고로, 임대인이 수선 의무를 위반할 경우(즉, 임대인이 보일러를 안 고쳐줄 경우) 임차인은 임대인의 채무불이행을 이유로 계약을 해지할 수도 있습니다. 이 경우 목적물(주택)을 반환하면서 보증금을 돌려받을 수 있습니다.

2) 계약기간 만료 전에 나갈 수 있나요?

원칙적으로 임차인은 계약서상의 계약기간이 만료된 때에 이사를 갈 수 있습니다. 임대인의 입장에서는 계약기간인 2년 동안 매월 차임(월세)을 받을 것으로 신뢰하였으므로, 임차인이 기간 만료 전에 계약을 해지할 경우 임대인에게는 불측의 손해가 발생하게 되기 때문입니다.
하지만, 계약기간 만료 전이라도 임대인과 합의하여 해지를 할 수 있습니다. 이를 '계약의 합의해지'라고 부릅니다. 합의해지의 방법과 관련하여, 실무상 임차인이 1) 새로운 임차인을 찾아 주거나, 2) 새로운 임차인을 찾기 위한 공인중개사 수수료와 1달(또는 2달) 정도의 차임을 지불하고 합의해지를 할 수 있습니다. 합의를 해야만 계약을 해지할 수 있고, 계약을 해지하게 되면 보증금도 돌려받을 수 있습니다.
사안의 경우, 계약기간 전에 나가려는 이유가, 임대인이 수선 의무를 위반하고 사용수익이 가능한 상태를 만들어 주지 않았기 때문(즉, 임대인이 보일러를 안 고쳐줄 경우)이므로, 임차인은 합의해지할 필요 없이, 임대인의 채무불이행을 이유로 계약을 해지하고 목적물(주택)을 반환하면서 보증금을 돌려받을 수 있습니다.

질문 3. 2년간 임대차 계약기간이 끝나고, 묵시적 갱신이 된 후 1년 동안 살고 있던 임차인이 3개월 뒤 지방 근무를 하기 위해 이사를 가게 되었습니다. 임차인은 임대인에게 3개월 뒤 이사를 가겠다는 해지통지를 했지만, 임대인은 묵시적 갱신이 되면 종전 계약과 동일한 조건으로 갱신되는 것이므로, 임차인은 2년의 계약기간을 채워야 한다고 주장합니다. 다만, 계약기간을 위반한 임차인에게 "중개수수료와 2달치 차임을 내면 합의해지를 해 주겠다"고 주장합니다. 임차인은 합의해지를 하기 위해 중개수수료와 2달치 차임을 부담해야 할까요?

아닙니다. 주택임대차보호법 제6조 제1항은 임대인이 '임대차 기간이 끝나기 6개월 전부터 1개월 전까지의 기간에 임차인에게 갱신 거절의 통지를 하지 아니'하거나 '계약조건을 변경하지 아니하면 갱신하지 아니한다는 통지를 하지 아니한 경우에는 그 기간이 끝난 때에 전 임대차와 동일한 조건으로 다시 임대차한 것으로 본다고 하여, 임대차 계약의 묵시적 갱신을 규정하고 있습니다. 그리고 동조 제2항에서는 제1항의 경우 임대차의 존속기간은 2년으로 본다고 규정하고 있습니다. 하지만, 주택임대차보호법 제6조의2를 보면, 묵시적 갱신의 경우 임차인은 언제든지 임대인에게 계약해지를 통지할 수 있고, 임대인이 그 통지를 받은 날부터 3개월이 지나면 그 해지의 효력이 발생한다고 하여, 임차인에게 묵시적 갱신된 임대차 계약의 해지권을 인정하고 있습니다.
사안의 경우, 임대인과 임차인 모두 최초 체결하였던 임대차기간이 끝나기 1개월 전까지 갱신여부에 대한 통지를 하지 않았는 바, 묵시적 갱신이 되었다 할 것이며 주택임대차보호법 제6조 제1항과 제2항에 따라 묵시적 갱신된 임대차의 경우 그 존속기간은 2년이라 할 것입니다. 그러나, 임차인은 언제든지 해지권을 행사할 수 있고, 임대인이 해지의 통지를 받은 날부터 3개월이 지나면 임대차계약이 종료되는 바, 임차인은 계약기간을 위반한 것도 아니므로, 중개수수료 및 2달치의 차임을 부담할 필요도 없습니다. 즉, 임차인은 합의해지가 아닌 법정해지권에 따라 묵시적 갱신된 임대차 계약을 언제든지 해지할 권한이 있습니다.
다만, 해지 통고 이후 3개월이 지난 뒤에야 해지의 효력이 발생하므로 임차인은 해지 통지 후 3개월 간은 차임을 성실히 내야 합니다. 예컨대 5월에 해지 통지를 하였는데 3개월을 다 채우지 못하고 6월 달에 바로 이사를 가게 된다면, 임대인에게는 해지통지를 받은 후 해지의 효력이 발생하기 전까지인 3개월 동안은 차임을 지급받을 권리가 있으므로, 임차인은 남은 두 달치의 차임을 지급해야 할 것입니다.

질문 4. 도미닉은 한국에서 유학생활을 한 후, 한국에 직장을 구하여 생활하게 되었습니다. 도미닉이 대학교를 다닐 때는 기숙사에 거주하였지만 졸업 후 조그만 아파트에 전세로 입주하게 되었습니다. 시간이 흘러 도미닉이 전세 아파트에 거주한지 거의 2년이 되어갈 무렵, 도미닉은 다른 곳으로 이사를 하기 위해 집주인에게 이사를 갈테니 보증금을 이사일에 돌려줄 것을 요청하였습니다. 그런데 집주인은 '지금 여유자금이 없으니 새로운 세입자를 구할 때까지 기다리거나, 내가 보증금을 반드시 돌려줄테니 나를 믿고 급하면 일단 이사를 가라'고 하였습니다. 도미닉은 집주인을 믿고 일단 이사를 가도 되는 걸까요?

(1) 주택임대차보호법 제3조(대항력 등)에 따르면 '임차인이 주택의 인도와 주민등록을 마친 때에는 그 다음 날부터 제삼자에 대하여 효력이 생긴다'라고 규정하고 있고, 위 주택의 인도와 주민등록은 대항력의 취득 및 존속 요건입니다. 따라서 임차인이 보증금을 돌려받지 못한 상황에서 막연히 이사를 하게 된다면, 종전에 취득하였던 대항력과 우선변제권이 상실되어 보증금을 돌려받기 어려울 수 있습니다.

(2) 위 사례와 같이, 임대인이 전세보증금을 돌려주지 않는 경우에는 대항력과 우선변제권을 유지하기 위해 이사를 가지 않는 것이 좋겠으나, 만약 사정상 어쩔 수 없이 이사를 해야 한다면 주택임대차보호법 제3조의3에 따라 임차권등기명령을 하는 방법이 있습니다. 관할 법원에 임차권등기명령을 신청하여 임차권등기명령을 받은 후, 임차권등기를 한다면 대항력과 우선변제권을 취득하거나 유지할 수 있습니다.

연습문제 모범답안

문제 1. 임차인은 계약이 종료한 후 보증금 반환을 청구할 수 있습니다.

Арендатор может предъявить требование о возврате депозита после прекращения договора.

문제 2. 만약 새로운 소유주가 임차인이 임대차목적물을 계속 사용하는 것을 원하지 않는다면, 기존 계약을 갱신하지 않을 수도 있습니다.

Если новый собственник не хочет, чтобы арендатор продолжил пользоваться объектом аренды, он может не продлевать срок действия договора.

문제 3. 임차인이 대항력을 가지려면, 전입신고를 마치고 해당 부동산에 실거주해야 합니다.

Чтобы арендатор обладал силой противодействия, он должен завершить уведомление о факте переезда и фактически проживаться в данном объекте недвижимости.

문제 4. 새로운 소유주는 이전 소유주의 의무를 져야 하므로, 임차인의 보증금 반환 요청을 거부할 수 없습니다.

Новый собственник обязан принимать на себя обязательства предыдущего собственника, поэтому он не может отказать арендатору в возврате депозита.

문제 5. 계약서에는 임대 계약기간 만료 전에 연장 또는 해지에 관한 조건이 명시되어야 합니다.

В договоре аренды должны быть указаны условия продления или расторжения до истечения срока аренды.

문제 6. 양측은 당사자 합의에 따라 보증금을 반환하기로 했습니다.

Стороны договорились по взаимному согласию возвратить депозит.

문제 7. 그는 차임을 지급하기 위해 아르바이트를 시작했습니다.

Он начал подрабатывать в режиме неполного рабочего времени, чтобы выплачивать арендную плату.

사례 살펴보기 해설

질문 1. 일반불법행위책임

수업 시간에 늦어, 2호선 신촌행 지하철 문이 열리면 바로 출구로 나갈 준비를 하고 있었습니다. 하지만, 지하철 문이 열리고 바로 들어오는 탑승객과 어깨를 부딪혔고, 탑승객의 핸드폰이 떨어지며 핸드폰의 액정이 깨졌습니다. 탑승자는 저를 붙잡으며 핸드폰 수리비용에 대해 100% 손해배상을 해 달라며, 경찰에 재물손괴죄로 신고하겠다고 주장합니다. 저는 승객이 내린 뒤 타야함에도, 먼저 지하철에 탑승하려했던, 그리고 핸드폰 화면만 보고 있던 상대방에게도 과실이 있다고 생각합니다. 피해자 분은 100% 배상을 안 해주면 형사 고소 및 민사소송을 제기한다고 합니다. 저는 어떻게 해야 할까요?

형사법적 책임은 발생하지 않습니다. 형법상 재물손괴죄는 고의범만을 처벌하므로, 과실로 인해 발생한 재물손괴는 형사처벌의 대상이 아닙니다.
민사상으로는 민법 750조에 따른 손해배상이 문제될 수 있습니다. 민법 750조에 따른 불법행위로 인한 손해배상청구가 인정되기 위해서는,

(1) 고의 또는 과실이 있을 것
(2) 가해행위가 있을 것
(3) 위법성이 있을 것
(4) 손해가 발생할 것
(5) 손해와 가해행위 사이에 인과관계가 있을 것을 요합니다.

사안에서는 위 요건을 모두 충족하므로, 가해자는 피해자의 핸드폰이 파손된 것에 대해 손해배상할 책임이 있습니다. 다만, 피해자의 과실이 있는 경우 가해자는 과실상계를 주장할 수 있는데, 손해배상에 있어서 과실상계를 하려면 구체적 정황에 따른 과실비율을 따져야 합니다.

(1) 일반적으로, 피해자와 가해자가 서로 걸어가다가 부딪혀서 물건이 훼손된 경우라면, 피해자에게도 전방주시의무를 소홀히 한 과실이 있다고 주장할 수 있고, 이 경우 과실상계가 가능한 바,

(2) 위 사례 경우에도, 피해자가 지하철에 하차하지 않은 탑승의 유무를 확인하지도 않은 채 핸드폰 화면을 보며 탑승한 탓에, 급히 지하철에서 내리려던 가해자와 부딪쳤고 이로 인해 핸드폰을 떨어뜨린 바 과실상계의 항변이 가능할 것으로 판단됩니다. 물론 부딪혔을 때의 상황에 대해 다투고자 한다면 피해자의 주장에 대해 CCTV를 통해서 확인해 볼 필요는 있습니다.

참고로, 손해배상은 현실적으로 발생한 피해의 범위 내에서 금전으로 배상하는 것이 원칙이므로, 피해자가 실제로 발생한 수리비 영수증을 첨부하면 그 금액에 대해서만 배상

해 주면 됩니다.

질문 2. 부모감독자책임

한국에서 두 어린아이를 키우고 있는 이즈벨라는 경제적 사정이 좋지 않아, 파트타임으로 일주일에 2~3회씩 일을 하였습니다. 이즈벨라가 파트타임으로 일을 하는 동안에는 이즈벨라의 동생이 아이들을 돌보아 주었습니다. 그런데 이즈벨라가 파트타임으로 근무 중이었던 어느 날, 동생으로부터 다급한 전화가 왔습니다. 이즈벨라의 첫째 아이(7세)가 놀이터에서 놀다가, 큰 부상을 당하여 병원으로 가고 있다는 것이었고, 이즈벨라는 전화를 받자마자 병원으로 달려갔습니다. 병원에 도착한 이즈벨라는 아이가 어떻게 다쳤는지 파악하던 중, 아이의 친구가 그네를 타고 있던 아이를 갑자기 떠밀어 큰 부상을 당한 사실을 알게 되었습니다. 가해자의 부모는 자신의 아이 잘못을 인정하긴 하였으나 아이들끼리 장난치다가 발생한 일이고, 어리기 때문에 형사처벌도 받지 않을테니 어떠한 배상도 해 줄 수 없다고 하였습니다. 이즈벨라는 가해자 또는 가해자의 부모로부터 어떠한 청구도 할 수 없는 걸까요?

(1) 형법에 따르면 형사미성년자로서 만14세가 되지 아니한 자의 행위는 벌하지 않는다고 규정하고 있습니다. 또한 소년법에서는 만10세 이상의 소년에 대해서 보호처분을 규정하고 있어, 위 사례의 가해자(만7세)는 형사적으로 처벌되지 않고, 보호처분도 받지 않습니다.

(2) 그러나 위와 같이 가해자가 형사적으로 처벌받지 않는다고 하여, 민사상 책임이 배제되는 것은 아닙니다. 민법에 따르면 다른 자에게 손해를 가한 사람이 미성년자인 경우 등 책임이 없는 경우에는 그를 감독할 법정의무가 있는 자가 그 손해를 배상할 책임이 있다고 규정하고 있습니다. 즉, 위 사례와 같이 미성년자의 불법행위로 피해를 입은 경우, 피해자는 가해자의 법정대리인인 부모를 상대로 손해배상 청구를 할 수 있습니다. 따라서 위 사례의 경우, 이즈벨라는 가해자의 부모를 상대로 진료비, 장래진료비, 위자료 등을 청구하여 손해를 배상받을 수 있습니다.

연습문제 모범답안

문제 1. 어린이가 공공장소에서 타인의 물건을 망가뜨렸다면, 부모는 감독할 의무를 소홀히 한 것으로 간주될 수 있습니다.

> Если ребёнок повредил чужое имущество в общественном месте, родители могут считаться небрежно исполнившими обязанность по надзору за ребёнком.

문제 2. 같은 사고라도 과실비율을 정하는 방식에 따라 배상금의 액수는 달라질 수 있습니다.

> Даже при одинаковом инциденте сумма компенсации может меняться в зависимости от порядка определения степени вины.

문제 3. 고의가 인정되지 않아도, 일정한 경우에는 위자료 지급을 판결할 수 있습니다.

> Даже если умысел не установлен, в определённых случаях судом может быть присуждена компенсация морального вреда.

문제 4. 피해자 측이 사실관계를 다투기 위해 추가 증거를 제출했습니다.

> Сторона потерпевшего представила дополнительные доказательства, чтобы оспаривать обстоятельства.

사례 살펴보기 해설

질문 1. 물품공급계약서의 취소

A사는 전자부품을 제조·판매하는 회사이고, B사는 스마트폰 조립을 위한 부품을 공급받기 위해 A사와 물품공급계약을 체결하였습니다. 계약 체결 당시 A사는 B사에 대해 자사 제품이 3성전자 1차 협력업체로 납품되는 고품질 제품이며, KS 인증 및 ISO 인증을 모두 보유하고 있다고 설명하였습니다. 그러나 실제로 A사는 3성전자와 아무런 거래관계가 없었고, 인증서 역시 유효기간이 지난 인증서 사본을 위조하여 제시한 것이었습니다. B사는 이러한 설명을 신뢰하여 A사와 계약금 1억 원 규모의 물품공급계약을 체결하였는 바, 계약 이행 과정에서 B사는 제품의 품질이 설명과 크게 다르다는 것을 인지하고 사실 확인을 거쳐 A사의 기망 사실을 알게 되었습니다. 해당 계약을 취소하고, 계약금 1억 원을 돌려받을 수 있을까요?

민법 제110조 제1항은 "사기나 강박에 의한 의사표시는 취소할 수 있다."고 규정하고 있습니다.
요건을 보면,

1) 고의에 의한, 타인에 대한 기망행위가 있을 것 (잘못된 관념의 형성 및 강화행위),
2) 그 기망행위로 인해 타인이 착오에 빠질 것,
3) 그 착오로 인해 상대방이 계약체결의 의사표시로 나아갈 것,
4) 기망행위와 착오, 착오와 의사표시 사이의 인과관계가 있을 것 (이중 인과관계)

본 사례에서 A사는 존재하지 않는 3성전자와의 거래관계 및 만료되었거나 위조된 인증서를 제시(기망)하여 B사를 착오케 하였고, 이로 인해 물품공급계약 체결로 나아갔으므로, 이는 명백한 기망에 의한 의사표시에 해당합니다. 따라서, B사는 민법 제110조 제1항에 따라 사기로 인한 계약의 취소권을 행사할 수 있습니다.
취소권을 행사하게 되면, 취소된 법률행위는 처음부터 무효인 것으로 보게 됩니다. 즉, A사와 B사 간 체결된 물품공급계약은 처음부터 성립하지 않은 것과 동일한 효과를 가지며, 이미 지급된 계약금이나 공급된 물품이 있다면, 원상회복의무가 발생합니다 (민법 제741조 부당이득 반환).
상대방이 계약금 1억 원을 반환하지 않는다면, 부당이득반환청구 소송으로 나아가야 합니다.

질문 2. 불공정법률행위

갑은 80세의 무학문맹의 노인이지만, 1억 상당의 부동산을 소유하고 있습니다. 을은 이러한 사실을 알고, 토지를 현저히 싼 가격(1천만 원)에 매입할 의도로 그를 이용하여 계약을 체결했습니다. 갑은 부동산 매매 계약을 취소할 수 있나요?

민법 104조 〈불공정한 법률행위〉에 따르면, 당사자의 궁박, 경솔 또는 무경험으로 인하여 현저하게 공정을 잃은 법률행위는 무효로 한다고 규정하고 있습니다.
104조가 적용되기 위해서는 다음 3가지 요건을 갖추어야 합니다.

1. 급부와 반대급부 사이에 현저한 불균형이 있을 것.
2. 당사자의 궁박, 경솔 또는 무경험
3. 폭리자의 폭리의사

따라서 사안의 경우, 을은 노인 갑이 무학문맹의 80세 노인이라는 점을 이용하여 토지를 현저히 싼 가격에 매입할 의도로 계약을 체결했으므로, 피해자의 궁박 상태를 이용하였다고 인정할 수 있습니다.
위 요건에 대한 증명책임은 그 무효를 주장하는 갑에게 있습니다.
사안의 경우, 부동산 매매계약은 불공정법률행위로 무효이기 때문에, 갑이 이미 을에게 계약에 따라 부동산을 양도했더라도 이는 법률상 원인 없이 취득한 부당이득에 해당하므로, 그에 대하여 반환청구를 할 수 있습니다.

질문 3. 차용증 작성

부산에서 식당을 운영하고 있는 에드송은 최근 sns에서 맛집으로 유명세를 타서 장사가 매우 잘 되었습니다. 이에 단기간에 많은 현금을 보유하게 되었고, 이와 같은 소문은 에드송의 지인들에게도 알려졌습니다. 그리고 어느 날부터 에드송의 한국 지인들로부터 돈을 좀 빌려 달라는 연락을 받게 되었고, 그 중에는 에드송이 한국에서 적응할 수 있도록 도움을 준 사람들도 있었기 때문에 에드송은 고민이 되었습니다. 에드송은 믿을 만한 지인들에게만 돈을 빌려줄 생각인데요. 만약을 대비하여 차용증을 작성하고자 합니다. 차용증에는 이름, 금원, 변제기만 적으면 되는 걸까요?

(1) 금원을 대여해 주고 채무자로부터 받는 차용증은 만약 채무자가 변제기에 금원을 변제하지 못할 시 민·형사 소송에서 중요한 증거자료가 되기 때문에 신중하게 잘 작성할 필요가 있습니다.

(2) 차용증에는 우선 채권자와 채무자 등 당사자의 인적사항을 정확하게 표시하여야 합니다. 당사자들의 이름, 주민등록번호, 주소, 전화번호를 표기하고 신분증을 복사하여 차용증에 첨부할 수 있습니다. 그리고 대여해 주는 금원, 이자, 변제기 등 차용증의 내용을 꼼꼼하게 작성한 후, 차용증의 작성일을 명확하게 기재하여야 합니다. 마지막으로 본인이 직접 작성하였음을 확인하기 위해 인감도장으로 날인을 하거나 서명을 한 후, 인감증명서나 서명사실확인서를 첨부합니다.

(3) 만약 차용금이 다액이고, 한국의 법률 용어에 익숙하지 않아 혼자서 차용증을 작성하기 어렵다면 변호사 등의 법률전문가의 도움을 받아 차용증을 작성할 수 있습니다.

연습문제 모범답안

문제 1. 저는 부모님께 돈을 빌려서 새 휴대전화를 샀습니다.

Я одолжил деньги у родителей и купил новый телефон.

문제 2. 계약이 무효로 판단되면, 받은 급부는 모두 부당이득으로 반환되어야 합니다.

Если договор будет признан ничтожным, все исполненные по нему обязательства подлежат возврату как необоснованное обогащение.

문제 3. 피해자는 자신이 기망에 빠져 계약을 체결했다며, 취소권을 행사하겠다고 말했습니다.

Потерпевший заявил, что заключил договор под влиянием заблуждения, и намерен реализовать право отмены оспоримой сделки.

문제 4. 올레그는 상대방이 부당이득을 반환하지 않으면 소송하겠다고 했습니다.

Олег сказал, что подаст иск, если противоположная сторона не возвратит неосновательное обогащение.

문제 5. 피고는 피해자의 처지를 이용해 폭리를 취했습니다.

Ответчик воспользовался положением потерпевшего и получил наживу.

사례 살펴보기 해설

질문 1. 이반은 세르게이로부터 중고차를 구입했습니다, 명의변경을 꼭 해야 하나요?

명의변경을 하지 않는 경우, 1) 이반이 속도위반으로 과태료를 내야 하는 상황이 발생하면, 중고차를 운행하지도 않은 세르게이가 내야 하는 아이러니한 일이 발생하게 될 수 있습니다. 이 외에도 2) 이반이 자동차 사고를 내고 도주를 하는 등 차량을 가지고 범죄를 저지르는 경우, 자동차 명의자인 세르게이가 지명 수배자로 체포될 수 있는 위험한 상황이 발생할 수도 있습니다. 반대로 3) 세르게이가 이반에게 중고차를 팔기 전 신호위반, 주차위반 등 과태료를 비롯하여 건강보험료 등 체납해 왔다면, 체납에 따른 자동차의 압류로 인해 현재 실소유주인 이반이 자동차를 사용하는데 문제가 생길 수도 있습니다. 이와 같은 이유로 중고차를 매매할 때에는 집주변의 차량등록사업소 또는 자동차등록민원실을 방문하여 자동차 명의 이전신고를 해야 합니다. 매수인, 매도인 본인이 직접 가서 신고하는 경우, 매수인은 신분증과 보험가입증서를, 매도인은 신분증과 자동차등록증을 구비하여 이전등록 신청서 및 자동차 양도증명서를 제출해야 합니다.

질문 2. 자동차종합보험은 꼭 가입해야 하나요?

자동차 보험은 책임보험과 종합보험으로 나뉘는데요, 책임보험은 차량사고로 타인을 다치게 하거나 사망에 이르렀을 때 대비한 보험으로 미가입시에는 자동차손해배상보장법상 과태료까지 부과될 수 있습니다. 즉, 의무적으로 반드시 가입해야 하는 최소한의 보험입니다. 종합보험에 비해 보험료가 낮아 책임보험만 가입하는 경우가 있으나, 교통사고로 인해 인명피해가 발생한 경우에는 형사적 책임을 피할 수 없다는 크나큰 단점이 있습니다. 보상한도가 상해별로 차등지급하도록 되어 있고, 그 배상액의 한도가 적기 때문인데, 배상액 한도를 넘을 경우에는 피해자와 별도의 합의가 필요하고, 합의가 되지 않으면 형사처벌 대상이 됩니다. 반면, 종합보험은 의무가입 대상 보험은 아닙니다. 하지만 책임보험과 달리 종합보험은 대인사고의 한도가 무한이기 때문에 교통사고로 인명피해가 발생하면, 피해자에게 치료비 전액 등을 우선 지급합니다. 특히, 교통사고로 인해 인명 피해가 발생한 경우, 해당 교통사고가 12대 중과실 또는 장애(중상해) 및 사망사고에 해당하지 않는다면, 상대방의 손해를 종합보험으로 배상할 수 있고 이것을 피해자와 합의된 것으로 보아 공소를 제기할 수 없습니다. 즉, 교통사고처리특례법에 따라 형사적 책임을 면하기 위해서는 책임보험이 아닌 종합보험에 가입해야 합니다. 따라서, 책임보험보다는 자동차종합보험을 가입할 것을 추천드립니다.

질문 3. 한국 대학에 유학을 준비 중인 굴리아는 유학 생활에 필요한 여러 가지 사항을 알아보고 준비하느라 정신없이 지내고 있습니다. 굴리아는 본국에서 평소에 자동차를 직접 운전하여 이동하는 등 운전을 매우 좋아하여, 한국에서도 중고차를 구입하여 이동 수단으로 활용하려고 하는데요, 본국에서 발급받은 운전면허로 한국에서도 운전이 가능할까요?

(1) 외국인유학생의 경우, 본국에서 국제운전면허증(International Driving Permit, 1949년 제네바/1968년 비엔나에서 체결된 도로교통에 관한 협약 등에 따라 외국의 권한 있는 기관에서 발급한 운전면허증) 또는 상호인정외국면허증(한국과 외국 간에 상대방 국가에서 발급한 운전면허증을 상호 인정하는 협약 등에 따라 외국의 권한 있는 기관에서 발급한 운전면허증)을 발급받아 입국하면 위 운전면허증으로 한국에서 1년간 운전할 수 있습니다.

(2) 다만 국제운전면허증 또는 상호인정외국면허증으로 운전할 수 있는 자동차의 종류는 그 운전면허증에 기재된 것에 한정된다는 것입니다. 만약 한국에서 운전면허를 받지 않거나, 위 국제운전면허증 또는 상호인정외국면허증을 받지 않는 등 무면허로 자동차를 운전하면 도로교통법에 따라 1년 이하의 징역이나 300만 원 이하의 벌금형에 처해질 수 있으니 주의하시기 바랍니다.

연습문제 모범답안

문제 1. 빅토르는 중고차를 산 뒤 명의변경을 하지 않아서 문제가 생겼습니다.

После покупки подержанного автомобиля Виктор не переоформил его на своё имя, в связи с чем у него возникла проблема.

문제 2. 책임보험에만 가입했다가 교통사고를 내면 형사책임을 피하기가 어렵습니다.

Если оформите только обязательное страхование и устроите ДТП, то избежать уголовной ответственности будет трудно.

문제 3. 자동차 등록을 신청할 때 차량등록증과 신분증을 꼭 제출해야 합니다.

При подаче заявления на регистрацию автомобиля обязательно предоставить свидетельство о регистрации автомобиля и удостоверение личности.

문제 4. 이리나는 본국에서 발급받은 국제운전면허증으로 한국에서 1년 동안 운전할 수 있습니다.

Ирина может управлять автомобилем в Корее в течение одного года с международным водительским удостоверением, выданным в её родной стране.

문제 5. 종합보험에 가입하면, 사망, 불치, 장애 및 12대 중과실이 아닌 이상, 경미한 인명피해 사고가 발생해도 형사책임을 면할 수 있습니다.

При оформлении комплексного страхования даже в случае ДТП с легким вредом для здоровья пострадавшего возможно избежать уголовной ответственности, если оно не касается смерти, неизлечимого заболевания, инвалидности или одного из 12 грубых нарушений.

사례 살펴보기 해설

질문 1. "세르게이! 나 안톤인데 핸드폰을 잃어버려서, 결제 좀 대신 해 줘". 안톤을 사칭한 피싱 문자를 받은 세르게이. 평소 계좌이체를 부탁하던 안톤이 또 귀찮은 부탁을 하는 줄만 알고, 결제해 달라며 보내 준 사이트 링크를 눌렀고, 이후 외국인등록증과 신용카드 사진까지 보낸 뒤에야 이상한 낌새를 느끼곤, 안톤에게 전화를 하였습니다.

(1) 보이스피싱 수법은 나날이 발전하고 있습니다. 피싱, 스미싱 등 다양한 수법이 존재하는데, 위 사례의 수법은 개인정보 유출 등으로 얻은 개인 아이디와 비밀번호를 통해 친구나 가족처럼 메신저로 접근해 금융정보 및 금전을 요구하는 '메신저 피싱'에 해당합니다.

(2) 피싱을 당했을 땐 어떻게 대처해야 할까요?
범죄자들이 잡힌다면 형법상 사기죄 등으로 형사 처벌함과 동시에 손해배상청구를 통해 피해 보전이 어느 정도 가능하겠지만(이 경우에도, 피싱 조직의 전달책들이 잡히는 경우가 많고, 이들은 돈이 없는 경우가 많아 실제로 배상을 받기란 어려운 경우가 많습니다), 디지털 금융 범죄의 특성상 사기범죄단을 검거하기란 매우 어려운 상황입니다. 따라서 예방과 그 대처가 무엇보다 중요한데, 아무리 가족 및 친한 친구라도 개인의 인적사항이나 개인정보(계좌번호, 카드번호, 외국인등록번호, 공인인증서 등)는 절대로 전달해서는 안됩니다. 이러한 개인정보를 요구한다면 의심부터 하고, 전화로 재차 확인하거나 직접 대면한 상태에서 전달하는 것이 예방법이 될 것입니다.

(3) 이미 메신저 피싱 등 피해를 본 상태라면 어떻게 해야 할까요?
제일 먼저 경찰청 및 금융감독원에 피해 사실을 신고해야 합니다. 그리고 수상한 링크를 클릭해 의문의 프로그램이 설치되었다면 폰키퍼 또는 백신프로그램을 통해 악성코드 감염 여부를 확인하고, 핸드폰 초기화를 진행하는 것이 좋습니다. 그 후 통신사를 통해 핸드폰 결제 차단 요청을 하고, 사기범에게 전달한 금융정보의 각 카드회사와 은행사에 전화해 카드 정지 및 계좌 지급정지 신청을 해야 합니다. 또 소액결제 및 이체 피해가 발생한 경우에는 피해자는 통신사기피해환급법에 따라 경찰서로부터 사건사고사실확인원을 발급받은 후 금융회사에 전기통신금융사기의 피해구제를 신청할 수도 있습니다.

질문 2. 고액의 아르바이트 해도 될까요?

최근 들어, 외국인들을 대상으로 하는 통역 아르바이트, 택배 아르바이트, 채권추심 아르바이트 등이 많아졌습니다. 외국인들은 타국에서 생활비, 학비라도 벌어 보자는 생각으로 고액 아르바이트의 꾀임에 넘어가는 경우가 많은데요, 고액 아르바이트인 줄 알고 일을 시작했다가, 보이스피싱 범죄의 전달책(일원)으로 일하게 되는 경우가 많이 발생하고 있습니다.

특히, 한국문화나 언어의 장벽으로 의심이나 반문을 잘 하지 않는, 외국인을 전달책으로 고용하는 경우가 많이 발생하고 있으니, 구인광고를 통해 구직을 하는 경우라도, 1) 채용하는 회사 및 고용주에 대한 확인(법인 등기부 열람 등)을 해야 하고, 2) 채용되는 방식이 수상하지는 않는지, 3) 업무지시를 하는 방식이 단순히 유선상 전화를 통해 지시되고 있지는 않는지, 4) 내가 제공하는 근로에 비해 고액의 아르바이트비가 지급되지는 않는지 등을 철저히 확인하여야 합니다. 범죄에 가담하고 있다는 의심이 든다면, 절대로 가담하지 마시고, 중단하시길 바랍니다.

질문 3. 통장을 빌려 달라고 하는데 괜찮을까요?

(1) 전자금융거래법 제6조 및 제49조에 따르면, 통장을 대여하거나 명의를 빌려줄 경우 5년 이하의 징역 또는 3천만 원 이하의 벌금에 처해지게 됩니다.

(2) 특히 위와 같이 수집된 대포통장은 보이스피싱 등의 사기범행의 계좌로 사용되는 경우가 많고, 만약 범죄에 사용될 것을 알고도 빌려주었다면 사기범행의 공범으로까지 처벌될 수 있으니 각별한 주의를 요합니다.

(3) 따라서 전자금융거래법 및 사기범죄에 연루되지 않기 위해서는 제3자가 금원을 지급하면서(또는 대가 없이 부탁하더라도), 통장이나 비밀번호, OTP 등의 접근매체 등을 대여해 달라거나 사겠다고 하더라도 절대 대여해 주거나 팔지 말아야 할 것입니다.

연습문제 모범답안

문제 1. 누군가가 부모님을 사칭하면서 금전을 요구하는데, 이게 보이스피싱인지 궁금합니다.

Мне интересно, не является ли это голосовым фишингом, когда кто-то выдает себя за моих родителей и требует денег.

문제 2. 개인정보 유출 염려 때문에 계좌 지급정지를 신청하고 싶습니다.

Я хочу подать заявление на блокировку счета в связи с опасением утечки персональных данных.

문제 3. 만약 속임수에 걸려들어 대포통장을 만들어 줬다면, 그게 금융사기에 연루되는 건가요?

Если я попал на удочку и передал оформленную мной подставную сберегательную книжку, означает ли это, что я оказался участником преступной схемы?

문제 4. 통신사기피해환급법에 따라 손해배상 청구를 하려면 어떤 서류를 먼저 준비해야 하나요?

Какие документы нужно подготовить в первую очередь, чтобы требовать компенсацию убытков согласно закону о возмещении вреда от телекоммуникационного мошенничества?

문제 5. 취업하고자 하는 회사가 범죄에 연루된 곳이 아닌지 확인하려면, 등기부를 확인해 봐야 합니다.

Чтобы проверить, компания, в которую Вы собираетесь трудоустроиться, не связана с преступной схемой, нужно проверить ее выписку из реестра.

사례 살펴보기 해설

질문 1. 저를 시기, 질투하는 이반이 저에 대하여, '세르게이는 한국 여자면 다 만나려고 하는 바람둥이다' 라는 안 좋은 소문을 4명이 있는 단체 메신저방에서 이야기했다고 합니다. 그 사람에 대해 법적 책임을 물을 수 있나요?

형법 및 정보통신망법에 따르면, 사람을 비방할 목적으로 정보통신망을 통하여, 진실 혹은 허위의 사실을 공공연히 적시하여 사람의 명예를 훼손한 자는 사이버 명예훼손죄에 해당합니다. 특정인의 이름을 적시하였다면 특정성이 인정되고, 소수 인원만 있는 카카오톡이나 메신저 단체방에서의 사실 적시라도, 전파 가능성이 있을 수 있기 때문에 공연성이 인정될 수 있는데, 즉, 사안에서 4명이 있는 단체 카톡방이라 하더라도, 그 중 한 명이 불특정 다수에게 그 허위의 사실을 전파할 가능성이 있다면, 해당 발언은 특정인에 대한 명예훼손 발언에 해당할 수 있습니다. 따라서 명예훼손에 따른 법적 책임을 물을 수 있습니다. 다만, 두 요건을 입증하기 위해 해당 메신저방 내용을 캡처하여 증거로 제출할 수 있어야 합니다.

질문 2. 인터넷으로 알게 된 한 미인의 여성분과 실제로 만나게 되었습니다. 하지만 인터넷으로 봐 왔던 사진과는 너무나도 다른 사람이 나와 너무 당황스러웠고, 한편으로는 화가 났습니다. 인터넷 사진을 믿은 자신을 자책하며, 집으로 와 그 분의 사진을 올리며, "사진과는 너무나도 다른 그녀. 사기꾼이었다. 뚱뚱하고 못생겼다"라고 개인 SNS에 분노의 글을 올렸습니다. 그리고 몇 시간이 지나지 않아, 그 여성분이 제가 올린 글을 보고서는, 초상권 침해로 경찰에 신고하였다고 합니다. 저는 어떻게 해야 하나요?

사안의 경우 형사상 그리고 민사상 책임이 발생할 수 있습니다. 우선, 형법상 초상권 침해죄는 없습니다. 하지만, 인터넷상에 공공연하게 사실 혹은 허위의 사실을 적시하여 사람의 명예를 훼손한 경우에는, 정보통신법상 명예훼손죄에 해당합니다. 전파가능성이 높은 SNS에 타인을 특정하여, 심지어 사진을 게재한 뒤, 그 사람을 비방할 목적으로 명예를 훼손하는 거짓의 사실을 적시하였다면 7년 이하의 징역 또는 5천만 원 이하의 벌금에 처해질 수 있습니다. 다만, 명예훼손죄는 반의사불벌죄로서, 피해자가 처벌을 원하지 않는다는 의사를 표명하면, 처벌할 수 없습니다. 따라서 피해자와 형사합의를 보는 것이 좋습니다.

질문 3. 한국의 k-pop에 매료되어 유학까지 온 줄리아는 k-pop 아이돌의 콘서트를 빠지지 않고 관람하였

고, 값비싼 굿즈도 수없이 많이 구입하였습니다. 또한 고국에 있는 친구들에게까지 k-pop과 한국 문화에 대해 설명하고 홍보하는 등 문화 대사의 역할까지 자처하였습니다. 그러던 어느 날 자신이 좋아하는 k-pop 아이돌 멤버 중 한 명이 필로폰을 투약하여 경찰 조사를 받을 예정이라는 인터넷 기사를 접하게 되었습니다. 줄리아는 위 기사를 보고, 그동안 자신의 모든 것을 다 투자하여 좋아했던 아이돌 멤버에 대한 배신감과 실망감을 느껴, 위 인터넷 기사에 대해 욕설과 함께 거짓 내용으로 아이돌 멤버를 비방하는 댓글을 달았습니다. 몇 달 후 줄리아는 경찰서로 출석하라는 전화를 받았습니다.

(1) 공연히 사람을 모욕하면 한국 형법상 모욕죄로 처벌될 수 있습니다. 여기서 말하는 모욕이란 타인을 경멸하거나 비하 또는 조롱, 무시하는 등의 발언이나 행위를 하는 것을 뜻합니다. 또한 사람을 비방할 목적을 가지고 정보통신망을 통해 공공연하게 사실을 드러내거나 거짓의 사실을 드러내어 타인의 명예를 실추시킨 경우, 정보통신망 이용촉진 및 정보보호 등에 관한 법률상 명예훼손죄로 처벌을 받을 수 있습니다.

(2) 따라서 인터넷을 통해 글을 게시하거나 댓글을 다는 경우에는 타인에 대한 욕설을 담거나 명예를 훼손할 수 있는 내용을 적시하지 않는 것이 좋습니다. 특히 명예훼손죄의 경우, 허위의 사실뿐만 아니라 사실을 적시하는 경우에도 처벌하기 때문에 특별히 주의를 기울일 필요가 있습니다.

(3) 애초에 위와 같은 행위를 하지 않아야겠으나, 만약 위와 같은 모욕 또는 명예훼손 등의 혐의로 수사기관의 조사가 예정되어 있다면, 피해자에게 진심을 다하여 사과하고 합의를 이끌어 내는 것이 중요합니다.

질문 4. 한국에 유학 와서 국내의 모 대학에서 한국학을 공부하는 후아나는 한국 학생들과 친분을 유지하면서 잘 지내기 위해 많은 노력을 기울였습니다. 후아나는 과 활동 이외에 동아리 활동도 하고, 각종 모임에 참여하는 등 열심히 한국생활을 하였는데요. 어느 날 과친구들과 술자리 모임을 하던 중, 후아나는 술을 주량보다 훨씬 많이 마시게 되었고, 만취하여 옆에 앉아 있던 학생에게 심한 욕설을 하면서 시비를 걸었습니다. 다행히도 과친구들이 바로 후아나를 말리고 집으로 데려다 주어서 더 큰 문제는 발생하지 않았습니다. 그런데 다음날 후아나와 다툼이 있던 학생은 과학생들이 이용하는 카페에 후아나를 비방하는 글을 게재하였는데, 사실과는 달리 매우 과장된 부분이 있었습니다. 후아나는 같은 과 학생을 상대로 민·형사상 청구를 하고 싶지 않은데, 다른 방법이 있을까요?

(1) 방송통신심의위원회는 정보통신망(인터넷 등)을 통하여 유통되는 정보 중 명예훼손 또는 사생활 침해 등 타인의 권리를 침해하는 정보와 관련된 분쟁이 발생하는 경우 당사자나 또는 대리인의 신청에 의해 분쟁조정을 하고 있습니다.

(2) 명예훼손 분쟁조정은 신청서를 작성하여 방문 또는 우편 접수하거나 방송통신심의위원회 홈페이지를 통해 온라인으로 제출도 가능합니다. 다만 명예훼손 분쟁조정은 당사자 간의 원만한 합의를 목적으로 하며, 민·형사상 사법절차와 같은 강제성이 있는 것은 아닙니다. 명예훼손 피해를 당하였으나 상대방과의 관계로 인해, 민·형사상 청구를 하기 곤란하다면 방송통신심의위원회의 명예훼손 분쟁조정을 이용해 보시기 바랍니다.

연습문제 모범답안

문제 1. 이 단체 메신저 방에서 허위의 사실을 퍼뜨리면 전파 가능성이 매우 높습니다.

В случае распространения ложных сведений в этом групповом чате имеется очень высокая возможность их дальнейшего распространения.

문제 2. 상대방의 명예를 실추시켰다는 이유로, 결국 명예훼손 혐의로 고소당했습니다.

За нанесение ущерба репутации другой стороны в итоге против меня в полицию подано заявление о возбуждении уголовного дела за дискредитацию.

문제 3. 그는 초상권 침해를 당했다고 주장하며, 손해배상을 요구하고 있습니다.

Он утверждает, что было нарушено его право на изображение, и требует возмещения ущерба.

문제 4. 정보통신망을 통해 공연히 사람을 욕설하면, 모욕죄로 처벌을 받을 수 있습니다.

Оскорбление человека, совершенное публично с использованием информационно-коммуникационных сетей, может повлечь ответственность за клевету.

문제 5. 피해자에게 진심으로 사과하고 합의를 이끌어 낸다면, 형사처벌을 피할 수도 있습니다.

Если искренне извиниться перед потерпевшим и достичь с ним соглашения, можно избежать уголовного наказания.

사례 살펴보기 해설

질문 1. 지하철 의자에 고스란히 놓여 있는 에어팟! 평소 노래를 즐겨 듣던 알렌은 오래된 이어폰을 바꾸려던 찰라에 주인 없는 에어팟을 운 좋게 주웠습니다. 처음에는 주인이 있을지도 몰라 본인이 내려야 할 정거장이 가까워질 때까지 기다렸지만, 아무도 에어팟을 찾아가지 않았습니다. 알렌은 내려야 하는 정거장에 다다르자, 주인 없는 에어팟을 집어 들고 잽싸게 내렸습니다. 며칠이 지나 에어팟의 주인이 경찰에 신고를 했다며, 경찰서로부터 한 통의 전화를 받았습니다. 어떻게 해야 할까요?

(1) 타인이 잃어버린 물건을 주어 사용하는 경우, 한국 형법상 점유이탈물횡령죄에 해당할 수 있습니다. 타인의 점유를 이탈한 물건은, 타인의 의사와 무관하게 점유를 잃어버린 것이기 때문에 버려진 물건이 아닙니다. 따라서, 버려진 것처럼 보이는 물건이더라도 함부로 만지거나 취득해서는 안 됩니다.

(2) 물론, 위와 같은 상황에서 타인이 잃어버린 물건의 주인을 찾아 주기 위해 집어들었거나, 경찰서 및 유실물센터에 가져다 주기 위해 집어들 수도 있습니다. 하지만, 선의를 가지고 한 행위에 대해, 불법영득의사(타인의 물건을 취득하여 사용할 의사)가 없었음을 스스로 입증해야 하며, 특히 유실물의 습득시간으로부터 상당한 시간이 흘러 오랜 기간 소지하고 있었다면 불법영득의사가 있었다고 추정되어 점유이탈물횡령죄로 의심받을 수 있습니다.

(3) 따라서 길거리나 대중교통수단의 의자에 놓인 지갑, 돈, 에어팟 등은 주인이 알아서 찾아가도록 그대로 놓아두는 것이 안전합니다. 위에서 설명한 바와 같이 주인을 찾아 줄 마음에 해당 유실물을 집어들었다면, 본인의 선의를 입증해야 하는 곤란한 상황에 처할 수도 있으니 조심해야 할 필요가 있습니다.

질문 2. 해수욕장에서 불꽃놀이를 하는 것은 금지!

해수욕장의 이용 및 관리에 관한 법률에 의하면 관리관청의 허가 없이 해수욕장에서 장난감용 꽃불로 놀이를 하는 행위(일명 불꽃놀이)는 금지행위로 규율하고 있습니다(해수욕장법 제22조). 이를 위반할 경우, 10만 원 이하의 과태료가 부가될 수 있습니다.

질문 3. 층간소음 보복행위는 범죄행위!

층간소음으로 인한 보복범죄가 날로 증가하는 가운데, 층간소음 보복을 위해 천장에 스피커를 달아서 틀어 놓거나, 상대방을 괴롭힐 목적으로 위협행위를 한다면, 이는 스토킹범죄의 처벌 등에 관한 법률에 따라, 스토킹행위로 인정받을 수 있습니다. 스토킹행위란, 상대방의 의사에 반하여 정당한 이유 없이 상대방에게 불안감 또는 공포심을 일으키는 행위를 말하며, 스토킹범죄에 해당할 경우 3년 이하의 징역 또는 3천만 원 이하의 벌금에 처할 수도 있습니다. 따라서, 현행법상 층간소음에 대해 보복행위를 하는 것은 범죄입니다.

질문 4. 전동킥보드 인도 주행은 불법!

요즘 인도에서 자주 마주하는 전동킥보드. 전동킥보드와 같은 '개인형 이동장치'는 전기를 동력으로 저속으로 주행하는 1인용 이동수단 등 전동기 동력으로만 움직일 수 있는 자전거를 말합니다. 도로교통법의 적용을 받는, 전동킥보드는 '원동기장치자전거' 이상의 운전면허 소지가 필수적이고, 안전모 등 보호장구도 필수로 착용해야 합니다. 특히, 주행 시 차도를 이용해야 하며, 인도로 통행하는 것은 불법에 해당하고, 음주운행시 역시 음주운전에 해당하며, 승차 정원은 1명이므로, 2인 이상이 타는 것은 모두 과태료 부과 대상입니다.

질문 5. 소화전 앞 주차/정차 역시 불법!

급한 마음에 소화전 앞에 주, 정차하는 운전자들을 보신 적 있으신가요? 모두 불법에 해당합니다.
도로교통법 제32조에 따라 모든 운전자는 소화전, 송수구 등 소방용수시설과 비상소화장치 5m 이내에 차를 정차하거나 주차해서는 안 되며, 위반시 과태료가 부과될 수 있습니다.

질문 6. (동물장묘시설이 아닌 곳에) 죽은 동물을 묻어주는 것은 안 돼요!

동물의 사체는 현행법상 생활폐기물이기 때문에 폐기물관리법에 따라야 합니다. 따라서, 동물보호법에 따라, 동물장묘업의 허가를 받은 동물장묘시설에 처리되는 경우가 아닌 한, 동물의 사체를 비롯한 생활폐기물은 폐기물 처리 방식에 따라 처리해야 합니다. 이를 위반할 경우 100만 원 이하의 과태료가 부과됩니다.

연습문제 모범답안

문제 1. 제가 유실물을 주웠는데, 불법영득의사가 없었다고 어떻게 형법상 입증하죠?

Я взял потерянную вещь, как мне доказать отсутствие намерения незаконного присвоения по уголовному кодексу?

문제 2. 점유이탈물횡령죄 사건에서는 피의자가 유실물을 스스로 사용했다는 사실이 핵심적인 증거가 됩니다.

В уголовном деле по присвоению чужого имущества ключевым доказательством служит факт того, что подозреваемый самовольно воспользовался потерянной вещью.

문제 3. 취한 상태로 운전하는 것(음주운전)은 위험할 뿐만 아니라 도로교통법에 따라 처벌 대상입니다.

Вождение в состоянии алкогольного опьянения не только опасно, но и влечёт ответственность согласно закону о дорожном движении.

문제 4. 생활폐기물은 폐기물관리법에 따라 정해진 절차대로 처리해야 합니다.

Бытовые отходы нужно утилизировать в установленном порядке согласно закону об управлении отходами.

MEMO

부록

법률용어집

◉ 전체 단어 정리

한국어 가나다순	
12대 중과실	12 грубых нарушений
가해	причинение ущерба (вреда, убытков)
강제퇴거	депортация
개인정보 유출	утечка персональных данных
거래	сделка
결혼비자(F-6)	брачная виза (F-6)
결혼이민자	брачный иммигрант (мигрант)
경범죄	мелкий уголовный проступок
경제활동	экономическая деятельность
계약	договор контракт соглашение
계약 해지, 해제	расторжение договора
계약금	предоплата аванс
계좌 지급정지, 거래차단	блокировка счета заморозка вклада
고의	умысел
공공연히	публично
공범	соучастник преступления
공소제기, 기소	предъявление обвинения со стороны прокуратуры
공연성	публичность общедоступность
과실	небрежность грубая неосторожность вина
금융사기	финансовое мошенничество
과실상계	учет взаимной вины потерпевшего
과태료	административный штраф

교통사고	дорожно-транспортное происшествие (ДТП)
구류	задержание
근로자	работник рабочий
금융사기	финансовое мошенничество
급부	исполнение удовлетворение по обязательству
기망	введение в заблуждение обман
기소유예	прекращение уголовного дела в связи с отказом прокурора от обвинения
내용증명	претензионное письмо с заверенным почтой содержанием
단기 친지방문(C-3) 비자	краткосрочная виза для посещения родственников (C-3)
단기체류비자	краткосрочная виза
단수비자	однократная виза
대포통장	подставная (фальшивая) сберегательная книжка
대항력	сила противодействия
도로교통법	закон о дорожном движении
말다툼, 논쟁	ссора
매도	продажа
면책적 채무인수	привативный перевод долга
명백한 허위사실	заведомо ложные сведения
명예	честь и достоинство репутация
명예훼손죄	дискредитация диффамация
모욕죄	клевета
무효	недействительность ничтожность

묵시적 갱신	молчаливое продление
미성년	несовершеннолетие
미성년 자녀	несовершеннолетний ребенок
반환	возврат
방문동거비자(F-1-5)	виза для посещения и совместного проживания (F-1-5)
방송통신심의위원회	Комиссия по стандартам связи и вещания
배우자	супруг(а)
벌금	штраф
법인	юридическое лицо
법정대리인	законный представитель
벤처기업	венчурная компания венчурное предприятие
병존적 채무인수	кумулятивный перевод долга
보이스피싱	голосовой фишинг
보증금	депозит залог
보증인	гарант
보험가입증서	страховой полис
보호처분	принудительные меры воспитательного воздействия
복수비자	многократная виза
부당이득	неосновательное обогащение
불법영득의사	намерение незаконного присвоения
불법체류자	нелегальный (незаконно пребывающий) мигрант (иммигрант)
불법행위	незаконные действия деликт
불법행위책임	деликтные обязательства деликтная ответственность
비용 보상	возмещение расходов

사범심사	проведение расследование правонарушений со стороны инспектора иммиграционного органа
사생활 침해	вмешательство в частную жизнь нарушение неприкосновенности частной жизни
사용자	работодатель
사증	виза
산업재해, 산재	производственная травма
산재사고	несчастный случай на производстве производственная авария
상해	повреждение тела травма
생활폐기물	бытовые отходы
세입자	наниматель
소방용수시설	противопожарные устройства
소유권	право собственности
소유주	собственник
손해, 피해	ущерб вред убытки
손해배상 청구	требование о возмещении убытков
수선의무	обязанность по ремонту
스스로	самовольно своими усилиями самостоятельно
스토킹범죄	преступление сталкинга
신원보증서	гарантийное письмо
외국인등록	регистрация иностранца
외국인등록증	регистрационная карточка иностранца
외국인투자 규제	регулирование иностранных инвестиций
욕설, 비방	оскорбление

운전면허증	водительское удостоверение
원상회복	реституция восстановление в прежнее состояние
위법성	противоправность
위자료	компенсация морального вреда
유실물	потерянная вещь утерянное имущество
유책배우자	супруг(а), разведенный(ая) по своей вине
유통기한	срок годности
음주운전	вождение в состоянии алкогольного опьянения вождение в нетрезвом виде
이의신청	предъявление возражения (претензии) подача жалобы обжалование
이혼 판결문	решение суда о разводе
인도적 사유	гуманитарные причины (основания)
임금 청구의 소	иск о взыскании заработной платы
임금청구	требовать выплату зарплаты
임대인	арендодатель
임대차계약	договор аренды
임차인	арендатор
입건	возбуждение уголовного дела
입국 거부	отказ во въезде
자진신고	добровольное сообщение (о своем незаконном пребывании)
장기체류비자	долгосрочная виза
재량권	дискреционные полномочия свое усмотрение
재혼 자녀	ребенок от повторного брака
전과	судимость

전문의약품	рецептные лекарственные препараты
전파 가능성	возможность дальнейшего распространения
점유이탈물횡령죄	присвоение вещи, вышедшей из владения помимо воли владельца
조기 퇴거	досрочный выезд досрочное освобождение помещения
조정	медиация
조직적 범죄집단	организованная преступная группа
종합보험	комплексное страхование
주택임대차계약	договор найма жилого помещения
중고거래	торговля подержанными товарами
중고차	подержанный автомобиль
증명책임	бремя доказывания обязанность доказывания
지문등록	регистрация отпечатков пальцев дактилоскопическая регистрация
지방노동관서	местная трудовая инспекция
지식재산권	интеллектуальное право право интеллектуальной собственности
진료비	медицинские расходы расходы на лечение
진정	жалоба ходатайство
집주인	наймодатель
집행유예	условная отсрочка наказания условное осуждение
징역	лишение свободы
차량등록증	свидетельство о регистрации автомобиля
차명계좌 개설	открытие счета на имя чужого лица
차임	арендная плата
착오	заблуждение

창업자, 발기인	основатель учредитель
책임능력	деликтоспособность
책임보험	обязательное страхование
체류자격 변경	изменение статуса пребывания
체류자격	статус пребывания
초상권 침해	нарушение прав на изображение
취소권	право отмены оспоримой сделки
층간소음	межквартирный шум
통신사기피해환급법	закон о возмещении вреда от телекоммуникационного мошенничества
투자이민	иммиграция путем инвестиций (капиталовложения, инвестирования) инвестиционная иммиграция
투자이민자	миграционный инвестор
판례	судебная практика
판매업	торговая деятельность
폐기물관리법	закон об управлении отходами
폭리	нажива нечестная прибыль
피해보상	компенсация ущерба (вреда, убытков) возмещение ущерба (вреда, убытков)
피해자	потерпевший пострадавший
피해자와 합의	мировое соглашение с потерпевшим примирение с пострадавшим
하자	дефект недостаток
합법화	легализация
행정소송	административный иск
행정심판	рассмотрение административной жалобы административный порядок обжалования

행정심판 청구서	административная жалоба
허가	разрешение
허위사실	ложные сведения
형법	уголовный кодекс
형사책임	уголовная ответственность
형사책임의 회피	избежание уголовной ответственности
혼인신고(등록)	регистрация брака
확정일자	зафиксированная дата
환불	возврат денег
횡령죄	присвоение чужого имущества растрата

◉ 전체 숙어 정리

한국어 가나다순	
~를 감독할 의무가 있다	обязан осуществлять надзор за чем/кем
강제퇴거 명령을 받다	получить решение о депортации
계속 무시하다	продолжать игнорировать
계약을 갱신하다	продлить срок действия договора
계약을 체결하다	заключить договор
계약을 해지하다	расторгнуть договор
과실비율을 정하다	установить степень вины
관련 허가를 받은 경우에만	при условии получения соответствующего разрешения
교통사고를 내다	устроить (провоцировать) ДТП
기망에 의해	под влиянием обмана
당사자 합의에 따라	по взаимному согласию сторон
대금을 편취하다	завладеть деньгами
돈을 빌리다	одолжить деньги
등기부를 확인하다	проверить выписку из реестра
(~에게) 면책하다	освободить кого от чего
명단에 포함되다	быть включенным в список лиц
명예를 실추시키다	наносить ущерб репутации
무면허로 운전하다	водить автомобиль без водительского удостоверения (водительских прав)
배상명령을 신청하다	ходатайствовать о компенсации ущерба в рамках уголовного процесса
벌금을 부과받다	быть оштрафован(а) за что
범죄에 연루되다	оказаться участником преступной схемы
법원에 소송을 제기하다	обратиться в суд с иском, подать иск в суд, предъявить иск
보증금을 반환하다	возвратить депозит
~에 대해 보복하다	совершить акт мести за что

부당이득을 반환하다	возвратить неосновательное обогащение
비자를 신청하다	подать (оформить) заявление на визу
사실관계를 다투다	оспаривать обстоятельства
사실을 증명하다	подтвердить (доказать) факт
사칭하다	выдать себя за кого-то
선고되다	был вынесен приговор с чем
선불을 요구하다	требовать оплатить товар заранее (предоплату)
속아 넘어가다, 속임수에 걸려들다	попасться на удочку (в ловушку)
엄격한 심사를 거치다	пройти строгую проверку
예외적인 경우에는 가능하다	в исключительных случаях возможно (допускается)
요건을 충족하다	соответствовать требованиям
원칙적으로 불가능하다	по общему правилу невозможно
~에 대한 의무를 지다	принимать на себя обязательство по чему
~에 의도가 없다는 점을 입증하다	доказать отсутствие намерения чего
일정 절차대로 폐기처리하다	утилизировать в установленном порядке
A의 처지를 이용하다	воспользоваться положением кого/чего
A와 B 사이의 인과관계	причинно-следственная связь между А и В
임대 계약기간이 만료되기 전까지	до истечения срока действия аренды
자동차를 자신의 명의로 이전하다	переоформить автомобиль на свое имя
재량권을 남용하다	злоупотреблять дискреционными полномочиями
지불 책임을 부담하다	нести ответственность за оплату расходов
직거래를 하다	провести сделку лично
진심으로 사과하다	искренне извиниться
차임을 지급하다	выплачивать арендную плату
책임보험에 가입하다	оформить обязательное страхование (полис обязательного страхования)

(보증금 반환을) 청구하다	предъявить требование (о возврате депозита)
~에 체류할 권리가 있다	вправе пребывать в чем
체류 기간을 연장하다	продлить срок пребывания
초상권을 침해하다	нарушать право на изображение
취한 상태로	в состоянии алкогольного опьянения (в нетрезвом состоянии)
피해자가 되다	стать потерпевшим (жертвой)
합의를 이끌어 내다	достичь мирового соглашения
허위사실을 적시하다	указать ложные сведения

MEMO

부록
법률 문서 서식

1) 임금 체불 진정서

▶ 진정인 (별도 법정서식은 없음)

성 명	홍 길 동	주민등록번호	790808-1******
주 소	서울시 관악구 은천로 56		
전화번호	02-123-4567	휴대폰번호	010-123-4567
이메일	hong@samplemail.com		
수신여부확인	⊙ 예 ○ 아니오 민원신청 처리상황을 문자메시지(SMS), E-mail 통해 정보를 제공받으실 수 있습니다.		

▶ 피진정인 - 필수입력 항목입니다

회사명	한국회사(주)		
회사주소 (실근무장소)	서울시 영등포구 영등포로 8888		
회사전화번호	02-777-8888	근로자수	30명

성 명	김 사업	연락처	02-555-4567
주 소	서울시 영등포구 영등포로 9999		
사업체구분	⊙ 사업장 ○ 공사현장		

▶ 진정내용

입사일	2015-03-15	퇴사일	2015-10-14
체불임금총액	3,000,000원	퇴직여부	⊙ 퇴직 ○ 재직
체불퇴직금액		기타체불금액	
업무내용	영업		
임금지급일	매월 25일	근로계약방법	⊙ 서면 ○ 구두
제 목	임금체불		
내 용 (한글 500자 이내)	진정인은 2015.3.15. 한국회사(주)에 입사하여 7개월 동안 근무하였으나, 회사 사정이 어렵다는 이유로 2015.9월부터 2개월간 3,000,000원의 임금을 지급받지 못함.		

▶ 관할 고용노동관서 및 파일 첨부 등

관할 관서	
파일 첨부	

1) Форма заявления о взыскании невыплаченной заработной платы

▶ Заявитель (нет закрепленной законом формы)

Полное имя	홍 길 동	Регистрационный номер резидента	790808-1******
Адрес	서울시 관악구 은천로 56		
Номер телефона	02-123-4567	Номер мобильного телефона	010-123-4567
Адрес электронной почты	hong@samplemail.com		
Согласие на получение информации	⊙ да ○ нет Вы можете получить информацию о ходе рассмотрения вашего заявления по СМС и электронной почте.		

▶ Адресат заявления – обязательное поле для заполнения

Название компании	한국회사(주)		
Адрес компании	서울시 영등포구 영등포로 8888		
Номер телефона компании	02-777-8888	Число работников	30

Полное имя	김 사업	Контактный номер	02-555-4567
Адрес	서울시 영등포구 영등포로 9999		
Вид бизнеса	⊙ Бизнес-площадка ○ Строительная площадка		

▶ Содержание заявления

Дата приема на работу	2015-03-15	Дата увольнения	2015-10-14
Общая сумма невыплаченной заработной платы	3,000,000 вон	Статус занятости	⊙ уволен(а) ○ работатет
Невыплаченная сумма выходного пособия		Сумма прочих невыплат	
Обязанности	Операционная деятельность		
День получения заработной платы	25-го числа каждого месяца	форма заключения договора	⊙ письменная ○ устная
Тема	Невыплата заработной платы		
Содержание (менее 500 слов)	Заявитель поступил на работу в компанию 한국회사(주) 15 марта 2015 года и проработал 7 месяцев. Однако, по причине тяжелого финансового положения компании с сентября 2015 года за два месяца заявителю не была выплачена заработная плата в размере 3,000,000 вон.		

▶ Компетентное управление Министерства труда и приложенные к заявлению файлы.

Компетентное управление Министерства труда	
Приложение	

2) 임금지급청구 소장

소 장

원 고 유 철 현 (670901-1009412)
서울
소송대리인 변호사 황성

피 고 이 상 규 (600706-1102131)
영등포구 63로 (여의도동, 콤비)

임금 청구의 소

청 구 취 지

1. 피고는 원고에게 2,000,000원 및 이에 대한 201-. -. -.부터 다 갚는 날까지 연 20%의 비율에 의한 금원을 지급하라.
2. 소송비용은 피고가 부담한다.
3. 제1항은 가집행할 수 있다.
라는 판결을 구합니다.

청 구 원 인

1. 근로계약 및 근로의 제공
원고는 '-----'라는 상호로 --업을 운영하는 피고에게 고용되어 201-. -. --.부터 201-. -. --.까지 취재 기자로서 근로를 제공하였습니다.

2. 임금 체불사실
피고는 원고의 201-. -. 임금 2,000,000원을 현재까지 지급하지 않고 있습니다(갑 제1호증 체불임금등 · 사업주확인서).

3. 결 론
그렇다면 피고는 원고에게 2,000,000원 및 이에 대한 원고 퇴직일로부터 14일이 경과한 다음날인 201-. -. -.부터 다 갚는 날까지 근로기준법 소정의 연 20%의 비율에 의한 지연손해금을 지급할 의무가 있습니다.

입 증 방 법

1. 갑 제1호증 체불임금등 · 사업주확인서

첨 부 서 류

1. 위 입증방법 2통
1. 소장 부본 1통
1. 소송위임장 1통
1. 납부서 1통

20○○. ○. ○.
원고 소송대리인

서울 ○○지방법원 귀중

2) Исковое заявление о взыскании зарплаты

Исковое заявление

Истец

представитель, адвокат

Ответчик

Иск о взыскании заработной платы

Исковые требования

Просим:

1. Взыскать с ответчика в пользу истца 2 000 000 вон, а также проценты из расчета 20% годовых с __.__.201-. до дня полного погашения.
2. Возложить на ответчика оплату судебных расходов.
3. Разрешить немедленное исполнение по пункту 1 выше.

Основание иска

1. Факт заключения трудового договора и исполнение трудовых обязанностей
Истец был принят на работу ответчиком, осуществляющим деятельность под фирменным наименованием «X» в сфере «X», и исполнял трудовые обязанности в качестве журналиста в период с (__.__.201-) по (__.___.201-_.).

2. Факт невыплаты заработной платы
Ответчик до настоящего времени не выплатил истцу заработную плату в период с (__.__._201-) по (__.___.___.) в размере 2 000 000 вон. (Доказательство истца №1 – Справка о невыплаченной заработной плате, Подтверждение работодателя).

3. Заключение

Итак, ответчик обязан выплатить истцу 2 000 000 вон, а также 20% годовых в соответствии с законом о стандартах труда, со следующего дня после истечения 14 с даты увольнения истца – с ___.___.201X?, и до дня полной оплаты.

Доказательства

1. Гап 1 подтверждающие документы (трудовой договор и лицензия)

Приложение

1. Указанные доказательства	2 экз.
1. Копия искового заявления	1 экз.
1. Доверенность на ведение дела	1 экз.
1. Квитанция об оплате государственной пошлины	1 экз.

20○○. ○. ○.

Вышеуказанный заявитель Хонг Гил Донг (печать)

В ○○ районный суд

3) 재판상 이혼청구 소장

이 혼 소 송 청 구

원 고 홍 길 동 (전화)
주민등록번호 -
주민등록지
실제사는 곳
등록기준지

피 고 김 갑 순
주민등록번호 -
주민등록지
실제사는 곳
등록기준지

사 건 본 인 홍 나 라
주민등록번호 -
주소
등록기준지

청 구 취 지

1. 원고와 피고는 이혼한다.
2. 사건본인의 친권자로 원고(피고)를 지정한다.
3. 소송비용은 피고의 부담으로 한다.

라는 판결을 구합니다.

청 구 원 인

원고와 피고가 이혼을 해야 하는 사유를 구체적으로 기재하십시오.

첨 부 서 류

1. 가족관계증명서 1통
2. 혼인관계증명서 1통
3. 주민등록등본 1통

20○○ . ○. ○.

위 원고 홍 길 동 (인)

○○가정법원 귀중
○○지방법원(지원) 귀중

☞ 유의사항

소장에는 수입인지 20,000원을 붙여야 합니다.

송달료는 당사자수 ×3,190원(우편료) ×12회분을 송달료 취급은행에 납부하고 영수증을 첨부하여야 합니다.

재판상이혼을 하려면 민법 제840조에 규정된 다음과 같은 이혼사유가 있을 때에 소를 제기할 수 있습니다.

- 배우자에게 부정한 행위가 있었을 때
- 배우자가 악의로 다른 일방을 유기한 때
- 배우자 또는 그 직계존속으로부터 심히 부당한 대우를 받았을 때
- 자기의 직계존속이 배우자로부터 심히 부당한 대우를 받았을 때
- 배우자의 생사가 3년 이상 분명하지 아니한 때
- 기타 혼인을 계속하기 어려운 중대한 사유가 있을 때

3) Исковое заявление о расторжении брака

Исковое заявление о расторжении брака

Истец Хонг Гил Донг (Тел.)
Регистрационный номер резидента -
место регистрации резидента
фактическое место проживания
место постоянной регистрации

Ответчик Ким Габ Сун
Регистрационный номер резидента -
место регистрации резидента
фактическое место проживания
место постоянной регистрации

Заинтересованный в деле(ребенок) Хонг На Ра
Регистрационный номер резидента -
Адрес
место постоянной регистрации

Исковые требования

Просим суд о вынесении нижеуказанных решений

1. Истец и ответчик разводятся.
2. Истец (Ответчик) назначается опекуном заинтересованного в деле лица (ребенка).
3. Судебные издержки покрываются за счет ответчика.

Основание для предъявления иска

Напишите подробно причины вынужденного расторжения брака между истцом и ответчиком.

Приложение

1. 1 копия свидетельства о семейных отношениях.
2. 1 копия свидетельства о заключении брака.
3. 1 выписка из реестра о регистрации резидента.

20○○. ○. ○.

Вышеуказанный заявитель Хонг Гил Донг (печать)

В ○○ Суд по семейным делам
В ○○ районный суд

☞ Внимание!

В исковом заявлении должна быть приклеена марка номиналом 20,000 вон.

Стороны должны уплатить стоимость за пересылку, которая равна: количество сторон × 3,190 вон (стоимость почтовой доставки) × 12 раз, в банк, назначенный судом, и прикрепить квитанцию к исковому заявлению.

Если вы хотите расторгнуть брак в судебном порядке, то можете предъявить иск в случае, если имеется одно из нижеизложенных оснований для расторжения брака, предусмотренных статьей 840 гражданского кодекса.

- В случае супружеской измены со стороны супруга (супруги);
- В случае злонамеренного оставления одним из супругов другого;
- В случае, если один из супругов подвергался чрезмерно необоснованному обращению со стороны другого супруга или его (ее) родственников по прямой восходящей линии;
- В случае, если родственник по прямой восходящей линии подвергался чрезмерно необоснованному обращению со стороны супруга (супруги);
- В случае, если нахождения супруга (супруги) в живых невозможно установить в течение более трех лет;
- В случае наличия иных существенных оснований, делающих невозможным продолжение брачных отношений.

4) 대여금 반환청구 소장

소 장

원 고 윤 종 달 (471003-1024821)
소송대리인 변호사

피 고 윤 석 빈 (600822-1029618)

대여금 청구의 소

청 구 취 지

1. 피고는 원고에게 700,000원 및 이에 대한 이 사건 소장 부본 송달 다음날부터 다 갚는 날까지 연 12%의 비율에 의한 금원을 지급하라.
2. 소송비용은 피고가 부담한다.
3. 제1항은 가집행할 수 있다.
라는 판결을 구합니다.

청 구 원 인

1. 금원의 대여
원고는 2022. -. --. 변제기를 2023. -. --.로 하여 –만 원을 피고에게 현금으로 대여하여 주었습니다(갑 제1호증 차용증).

2. 결 론
그렇다면 피고는 원고에게 위 금원인–만 원 및 이에 대하여 이 사건 소장 부본 송달 다음날부터 다 갚는 날까지 소송촉진 등에 관한 특례법 소정의 연 12%의 각 비율에 의한 지연손해금을 지급할 의무가 있습니다.

입 증 방 법

1. 갑 제1호증	차용증

첨 부 서 류

1. 위 입증방법	1통
1. 납입서	1통
1. 소장부본	1통
1. 소송위임장	1통

20○○. ○. ○.

원고 소송대리인

KL법률사무소 소속변호사

서울 ○○지방법원 귀중

4) Иск о взыскании заемных средств

Исковое заявление

Истец

представитель, адвокат

Ответчик

Иск о взыскании заемных средств

Исковые требования

Просим:

1. Взыскать с ответчика в пользу истца 700 000 вон, а также проценты из расчета 12% годовых, начиная со дня, следующего за днем вручения ответчику копии настоящего искового заявления, до дня полного погашения задолженности.
2. Возложить на ответчика оплату судебных расходов.
3. Разрешить немедленное исполнение по пункту 1 выше.

Основание иска

1. Факт займа денег

Истец предоставил ответчику заём в размере -- вон наличными в XX XX 2022 года, с установленным сроком возврата – XX XX 2023 (Доказательство истца №1 – Долговая расписка).

2. Вывод

Итак, ответчик обязан выплатить истцу указанную сумму займа --- вон, а также неустойку за просрочку исполнения в размере 12 годовых в соответствии с законом о специальных правилах по ускорению судебных разбирательств, начисляемую со следующего дня после вручения ответчику копии искового заявления до дня полного погашения задолженности.

Перечень доказательств

1. Доказательство истца №1 – Долговая расписка

Приложенные документы

1. Перечень доказательств — 1 экз.

1. Квитанция об уплате госпошлины — 1 экз.

1. Копия искового заявления — 1 экз.

1. Доверенность на ведение судебного дела — 1 экз.

20○○. ○. ○.

Представитель истца (печать)

Адвокат юридической фирмы «КОРУС»

В ○○ районный суд

5) 금전소비대차 계약서 양식

금전소비대차계약서

0000(대표 000, 이하 "을"이라 칭한다)와 000(이하 "갑"이라 칭한다)는 이자 및 원금반환에 관하여 아래와 같이 계약을 체결한다.

제1조[목적]
기본적으로 본 계약은 을이 갑에게 이자 지급 및 원금 반환 명시를 목적으로 한다. 갑은 대여 자금을 통해 을의 수익 사업에 도움을 주어 물질적, 추상적 상호 이익을 창출하도록 돕는다

제2조[원금]
1.갑은 본 계약을 통해 을에게 다음 금액에 대해 4월 30일까지 대여하는 것에 동의한다.
금 일천만 원(10,000,000)원
은행 계좌번호:

제3조[이자지급]
1.을은 원금에 대한 이자를 갑에게 매월 28일 지급을 원칙으로 하고, 지급일이 공휴일인 경우엔 익일 지급한다.
2.이자는 원금에 대한 월 3%로 통장에 계좌이체 형식으로 현금 지급한다.
확정 이자 지급: 매월 28일(300,000원)

제4조[원금반환]
을은 대여 자금에 대해 2015년 10월 28일까지 원금 잔액 반환의 의무를 가지며 계약기간이 만료되는 시점에서 갑에게 전액 반환하도록 한다.
00 은행 계좌번호:000

제5조[계약 해지, 수정 및 손해배상]
1.갑과 을은 어느 일방의 불가피한 사유 발생 시 상호 협의를 통해 본 계약을 해지 및 수정할 수 있다.
2.본 계약은 다음과 같은 경우에 계약을 해지하고 손해배상을 청구할 수 있다.
(1) 계약 체결 이후 계약 위반사항 발생 시 이의 시정을 위해 해당사항을 상대방에게 서면 고지한 후 그 위반사항이 30일 이내에 시정되지 아니한 경우

(2) 본 계약과 관련하여 갑과 을이 상대방의 이미지를 훼손하거나 직, 간접적인 피해를 입혔을 경우

3.제3조와 4조의 약속이행이 30일 이상 문제가 발생 시, 같은 이자와 대여금에 해당하는 전자기기, 사무실 비품 강제회수와 상표, 특허 등의 지적재산권 반납요청 및 주거래 통장 압류 등을 통해 원금과 이자를 강제 회수할 수 있다

2018년 00월 00일

5) Стандартная форма договора займа

Стандартная форма договора займа

Компания «X» в лице директора «X» («Заемщик») и «X» («Займодатель») заключают настоящий договор о возврате основной суммы займа и процентов на следующих условиях («Договор»).

Статья 1. Цель

Основной целью Договора является установление обязательства Заемщика по выплате процентов и возврату основной суммы займа в пользу Займодателя. Займодатель, предоставляя заемные средства, способствует деятельности Заемщика, направленной на получение прибыли, создавая взаимные материальные и абстрактные выгоды.

Статья 2. Основная сумма займа

1. Займодатель соглашается предоставить Заемщику заем в размере следующей суммы до 30 апреля:

- 10,000,000 (десять миллионов) вон
- Банковские реквизиты

Статья 3. Выплата процентов

1. По общему правилу Заемщик обязуется выплачивать Займодателю проценты от общей суммы займа каждое 28 число месяца. Если день выплаты совпадает с выходным днем, выплата производится на следующий день.

2. Процентная ставка составит 3% от основной суммы займа в месяц, проценты выплачиваются наличными посредством перевода на банковский счет.

- Фиксированная выплата процентов: 28 числа каждого месяца (300 000 вон)

Статья 4. Возврат основной суммы займа

Заемщик обязуется вернуть остаток основной суммы займа до 28 октября 2015 года и выплатить полную сумму Займодателю по истечении срока действия Договора.

- Банковские реквизиты

Статья 5. Расторжение Договора, внесение изменений и компенсация убытков

1. В случае наступления обстоятельств непреодолимой силы у одной из сторон, Займодатель и Заемщик могут расторгнуть Договор или внести в него изменения на основании взаимных переговоров.

2. Договор может быть расторгнут в одностороннем порядке, а также может быть предъявлено требование о возмещении убытков в нижеуказанных случаях:

(1) В случае нарушения условий договора после его заключения, если такое нарушение не было устранено в течение 30 дней с даты получения другой стороной письменного уведомления с требованием устранить нарушение.

(2) В случае, если Займодатель и Заемщик нанесли ущерб деловой репутации другой стороны или повлекли собой прямой или косвенный ущерб, связанный с исполнением Договора.

3. В случае неисполнения Заемщиком обязательств, предусмотренных статьями 3 и 4 Договора, в течение более чем 30 (тридцати) дней, Займодатель вправе: осуществить принудительное изъятие имущества, сопоставимого по стоимости с основной суммой займа и начисленными процентами, включая электронное оборудование и офисное имущество; потребовать возврата исключительных прав на объекты интеллектуальной собственности, включая товарные знаки, патенты и иные права; и инициировать наложение ареста на банковские счета Заемщика с целью принудительного взыскания основной суммы займа и процентов.

2018 год 00 месяц 00 число

◉ 참고문헌

· 고민석(2018), 『러시아어 사법통역과 생활법률』, 뿌쉬킨하우스

· 대한민국 법원(외국인 전용) http://jifi.scourt.go.kr/foreigner/main/Main.work

· 대한민국 비자포털 http://www.visa.go.kr

· 대한법률구조공단 https://klac.or.kr/main.jsp

· 중앙노동위원회 http://www.nlrc.go.kr

· 찾기 쉬운 생활법령정보 http://www.easylaw.go.kr/CSP/common/Main.laf

· 최저임금위원회 https://www.minimumwage.go.kr/index.jsp

법률 러시아어

초판 인쇄 2025년 12월 19일
초판 발행 2025년 12월 26일

지은이 고민석 이승진 박혜림 이주한 김정래
감수 조남신
발행인 박정식
기획 신선호
편집장 장혜정
도서편집 서이주
디자인 고지연
출판행정 김가은
경영기획 김세희
인사행정 유빈
재무회계 곽순석 김세아
캐릭터 김세원
발행처 한국외국어대학교 지식출판콘텐츠원
02450 서울특별시 동대문구 이문로 107
전화 02)2173-2494~7
FAX 02)2173-3363
홈페이지 http://press.hufs.ac.kr
전자우편 press@hufs.ac.kr
출판등록 제6-6호(1969. 4. 30)
인쇄·제본 (주)케이프린텍 031)949-6885

ISBN 979-11-7199-327-7 (13790) **정가** 21,000원

* 잘못된 책은 교환하여 드립니다.

HUINE은 한국외국어대학교출판부의 어학도서, 사회과학도서, 지역학도서 Sub Brand이다. 한국외대의 영문명인 HUFS, 현명한 국제전문가 양성(International+Intelligent)의 의미를 담고 있으며, 휴인(携引)의 뜻인 '이끌다, 끌고 나가다'라는 의미처럼 출판계를 이끄는 리더로서, 혁신의 이미지를 담고 있다.